I0815686

Las chicas rudas del pasado

Biografías y memorias

Biografía

Mackenzi Lee es autora *bestseller* del libro *The Gentleman's Guide to Vice and Virtue*, que fue galardonado con el Stonewall Book Award de 2018. También es licenciada en historia y tiene una maestría en escritura para niños y adultos jóvenes del Simmons College, fue a partir de estas dos pasiones que inició con su serie semanal en Twitter #BygoneBadassBroads. Vive en Boston donde administra una librería independiente, toma demasiada Coca de dieta y acaricia a cada perro que se encuentra.

Mackenzi Lee

Las chicas rudas del pasado:

52 mujeres inolvidables que cambiaron el mundo

Traducción de Mariana Hernández Cruz

Ilustraciones de Petra Eriksson

DIANA

Título original: *Bygone Badass Broads: 52 Forgotten Women Who Changed the World*

Ilustraciones de Petra Eriksson
Publicado por primera vez en inglés en 2018
Por Abrams Image, un sello de Harry N. Abrams, Incorporated, New York

Diseño: © Diane Shaw
Portada: © 2018 Abrams
Ilustraciones de portada: Petra Eriksson
Ilustraciones de interiores: Petra Eriksson
Diseño de interiores: Jonathan Muñoz Méndez
Traducido por: Mariana Hernández Cruz

Bajo el sello editorial BOOKET M.R.
Avenida Presidente Masarik núm. 111,
Piso 2, Polanco V Sección, Miguel Hidalgo
C.P. 11560, Ciudad de México
www.planetadelibros.com.mx

Primera edición en formato epub: agosto de 2018
ISBN: 978-607-07-5136-3

Primera edición impresa en México en Booket: mayo de 2025
ISBN: 978-607-39-2695-9

Impreso en los talleres de Impregráfica Digital, S.A. de C.V.
Av. Coyoacán 100-D, Valle Norte, Benito Juárez
Ciudad De Mexico, C.P. 03103
Impreso en México - *Printed in Mexico*

PARA MI MAMÁ,

mi chica ruda original

CONTENIDO

PREFACIO

En la universidad, hice una carrera frustrada en historia.

Como crecí con las muñecas American Girl, el programa *Where in Time Is Carmen San Diego?* y con cualquier novela de ficción histórica que pudiera encontrar sobre alguna joven precoz, cuando llegué a la universidad, descubrí que, si quería seguir estudiando las narraciones de las mujeres que me hicieron amar la historia, no las iba a encontrar en mis clases. En los cursos, las mujeres aparecían de vez en cuando en las discusiones en torno al sufragio y se le prestaba cierta atención a la reina Isabel, Rosa Parks, Hellen Keller, todas mujeres maravillosas, pero si quería saber sobre mujeres que no fueran blancas, occidentales, heterosexuales o sobre cualquier otra mujer que no formara parte de ese grupo simbólico, tenía que tomar una clase especializada; el programa de estudios general se dedicaba casi exclusivamente a las mujeres blancas, heterosexuales, cisgénero, sin discapacidades.

Muchas de las personas con las que he hablado tuvieron la misma experiencia en sus clases de historia a lo largo de la carrera. A juzgar por estas clases, parecería que las mujeres estaban demasiado ocupadas siendo oprimidas por los límites de su género para hacer historia.

Cuando empecé a hacer investigaciones por mi cuenta, descubrí que la verdad era totalmente opuesta. Desde que hubo registros históricos, ha habido mujeres en la narración: mujeres complejas, ambiciosas, malvadas y virtuosas, que hicieron contribuciones extraordinarias al mundo mucho antes de la aparición del cartel de Rosie, la remachadora. Hay tantas mujeres que impactaron enormemente en el mundo y, sin embargo, nunca había oído hablar de ellas en ninguna de mis clases de historia, ni en la escuela pública ni en la universidad. Nadie había oído hablar de esas mujeres.

Entonces, empecé a hablar de ellas.

Como autora de ficción histórica con una pequeña plataforma de seguidores en Twitter —que en general disfrutan las historias raras tanto como yo—, me dediqué a las redes sociales. Cada semana, escribía en Twitter sobre una mujer distinta que había marcado la historia y que me parecía fascinante, subversiva y de la cual nunca había oído hablar en mis clases. Para mi sorpresa y placer, la serie tomó vuelo y cada semana más y más personas se sintonizaban para leer la siguiente entrega de lo que amorosamente nombré con el *hashtag* #BygoneBadassBroads. Las historias empezaron a inspirar arte, reportes escolares, cuentos para dormir, nuevos pasatiempos, y lograron que cientos de personas conocieran los nombres e investigaran más sobre estas mujeres.

Y ahora —¡gran alegría!— aquellas historias olvidadas se recopilan en este libro.

Muchas de las mujeres que seleccioné en la serie de Twitter y en este libro tienen cierta complejidad moral. A veces son violentas, despiadadas y totales criminales. Cuando sus acciones son ilegales o crueles, su selección en este libro de ninguna manera condona los caminos que tomaron, ya que mi intención con *Las chicas rudas del pasado* es devolver a las mujeres a la narración histórica y representarlas como los seres humanos tridimensionales y complicados que fueron, en lugar de negarles un asiento en la mesa y las complejidades de la personalidad que les concedemos a los hombres. Con el fin de que las mujeres consigan una verdadera equidad en la narración histórica, tenemos que hablar de ellas de la misma manera en que hablamos de los hombres: con todo y verrugas.

Este libro es una colección de las historias de mis 52 mujeres favoritas de la historia. Se extienden a lo largo del tiempo, el planeta, las situaciones socioeconómicas, las preferencias sexuales, las identidades de género y las razas. Son reinas, científicas, atletas, políticas, espías, guerreras, pacifistas, criminales y desvergonzadas. Han impuesto las modas, roto las barreras, son innovadoras y rebeldes. Cada una de ellas me ha enseñado infinitas formas de ser una mujer y un ser humano fuerte, y espero que tú, querida lectora, encuentres en sus historias la fuerza y la inspiración para ser la nueva generación que cambie el mundo.

EMPERATRIZ LEIZU

CA. 2700 A. C., CHINA

La legendaria inventora de la seda

La historia de la emperatriz Leizu está tan envuelta en leyenda que es difícil distinguir lo real del mito. Aun así, sin importar qué parte de su historia es verdadera en el estricto sentido de la palabra, es una figura importante en la historia de China.

Además, "envuelta" es una gran metáfora.

Sigue leyendo, vas a entender por qué en un minuto.

Leizu, también conocida como Xi Lingshi o Lei Tsu, fue la esposa adolescente de Huangdi, el emperador Amarillo, que tuvo un currículum impresionante, el cual incluyó la fundación de la religión taoísta, la creación de la caligrafía china, así como la invención de la brújula y el torno. El emperador Huangdi gobernó China entre 2697 y 2597 a. C., cuando la fabricación de telas era todavía un proceso nuevo y confuso, y aún no se había descubierto la seda, que puso a China en los mapas del comercio internacional.

Hasta que llegó la emperatriz Leizu.

La historia cuenta que la emperatriz estaba sentada en su jardín, tomando una taza de té, cuando el capullo de un insecto cayó en su taza desde las ramas del árbol de morera que la cubría. A diferencia del estereotipo femenino, la emperatriz no se espantó por el insecto; más bien, lo sacó de su bebida y lo examinó. El calor del té había comenzado a separar el filamento del capullo y Leizu empezó a desenvolverlo.

De ese pequeño capullo salieron metros y metros de un filamento brillante y resistente que envolvía a uno de los gusanos diminutos que se habían estado dando un festín entre las hojas de los árboles de morera del jardín imperial.

Entonces, tuvo una idea.

Leizu se acercó al emperador, su esposo, y le pidió que consintiera una locura que se le había ocurrido: en lugar de deshacerse de los gusanos que habían estado arrasando con sus moreras, quería plantar más árboles para que esos gusanos se los devoraran; después quería desenrollar sus pequeños capullos para hacer tela con esas fibras tan finas. Como él mismo era un innovador, el emperador estuvo de acuerdo.

Al descubrir los filamentos de seda, Leizu se convirtió en la primera sericulturista (fabricante de seda cruda —no te preocupes, yo también tuve que investigarlo—) del mundo y en la inventora del telar de seda. Estudió a los gusanos de seda, los alimentó con diferentes plantas para experimentar y descubrió que una dieta de hojas de morera producía la mejor seda. Reunió un grupo de mujeres de la corte y les enseñó a tejer los capullos para crear una hermosa tela superfina. La tela que produjeron conformó un monopolio chino que duró miles de años con algo que el mundo antiguo consideró unánimemente la tela más fantástica de la historia: la seda.

La seda se convirtió en un artículo de lujo que se comerció y contrabandeó ampliamente en lo que se conoce como la Ruta de la Seda, una vía comercial que se extendió de China a Roma. Durante dos mil años, solo los chinos conocieron el secreto de su producción, lo que hace de la sericultura uno de los secretos de la industria mejor guardados del mundo.

El descubrimiento de la seda y su producción fueron tan importantes para la historia de su país que la emperatriz Leizu se convirtió en una deidad china llamada Madre de los Gusanos de Seda o Can Nai Nai. No es un mal modo de ser recordada.

La historia cuenta que el monopolio chino de la seda duró hasta alrededor del año 300 de nuestra era, cuando una princesa china tuvo miedo de no poder conseguir seda en su nuevo país, la India, al casarse con un príncipe hindú, así que sacó de contrabando capullos de gusanos de seda de China en su cabello. El resto, como dicen, es historia.

La legendaria historia del descubrimiento de la emperatriz fue registrada por el erudito y filósofo chino Confucio.

HATSHEPSUT

CA. 1508-1458 A. C., EGIPTO

La primera faraona de Egipto

Hatshepsut no necesitó un golpe militar, una revolución violenta o un asesinato furtivo para ascender al trono del antiguo Egipto; tampoco necesitó nada de eso para conservarlo. Lo único que requirió fue un poco de inteligencia, un poco de talento y la suerte de estar en el lugar correcto en el momento correcto.

Hatshepsut nació en la familia gobernante de Egipto, pero nunca estuvo destinada a ser quien estuviera a cargo. Cuando su padre, el faraón Tutmosis I, murió repentinamente, el medio hermano/esposo de Hatshepsut, Tutmosis II (no lo piensen mucho: en el antiguo Egipto, la endogamia era una manera común de asegurar que la corona permaneciera en la familia) tomó el trono e hizo a Hatshepsut su reina. Sin embargo, Tutmosis II murió joven y su heredero oficial —el hijastro de Hatshepsut, hijo de Tutmosis con otra mujer— era demasiado pequeño para gobernar.

Una mujer nunca antes había gobernado Egipto, pero Hatshepsut ejecutó la vieja toma de poder antes de que alguien pudiera decir "toma de poder no militante"; se instaló en el trono hasta que el bebé faraón tuviera "edad suficiente" para gobernar (entre comillas, porque Hatshepsut no tenía intención de ceder el trono faraónico una vez que le había puesto las manos encima).

Fue la primera faraona de Egipto y su reinado duró 22 brillantes años.

"YO SIEMPRE HE SIDO REY".

Como una mujer en la posición máxima de poder, Hatshepsut tuvo talento para establecer la legitimidad de su adjudicación. La imagen lo es todo para un político, así que de inmediato encargó varias estatuas de ella como faraona, muchas de las cuales la representaban con barba, por solicitud suya, probablemente como una manera de demostrar que tenía tanta autoridad y derecho a gobernar como cualquier hombre. Después, para seguir siendo popular con el pueblo, llevó a cabo una enorme renovación de Egipto al estilo de la televisión: comisionó docenas de ambiciosos proyectos de construcción alrededor del Nilo. El más impresionante fue el templo de Hatshepsut en Deir el-Bahari, en Tebas, así como un obelisco de 10 pisos dedicado a sus logros con la modesta inscripción: "Yo siempre he sido rey".

El gobierno de Hatshepsut fue un tiempo de paz y prosperidad que usó para expandir las rutas comerciales y la diplomacia con los vecinos de Egipto. Estableció una relación amistosa con Punt, una región colindante de la costa noreste de África, y comenzó un próspero intercambio entre las dos naciones. El comercio con Punt incluía artículos valiosos como la mirra, que posiblemente conozcas como uno de los regalos de Jesús en su nacimiento.

Después de dos décadas de un gobierno tremendamente exitoso, Hatshepsut murió en los que habrían sido sus 40 años. Su hijastro, Tutmosis III, el anterior bebé heredero natural en cuya representación había gobernado, tomó el trono después de su muerte. Sin embargo, Tutmosis III no se sentía tan complacido con sus logros, así que ordenó que se destruyeran los monumentos de Hatshepsut, que se derribaran sus estatuas y que se eliminaran sus registros de la historia de Egipto. Se adjudicó todos los triunfos de la primera faraona, y la historia casi se olvidó de ella por completo. Los egiptólogos no supieron de su existencia hasta 1822, cuando pudieron descifrar los jeroglíficos de los muros de Deir el-Bahari, cerca de donde estaba enterrada.

En 1903, el arqueólogo británico Howard Carter descubrió el sarcófago de Hatshepsut, pero estaba vacío (igual que la mayor parte de las tumbas del Valle de los Reyes, donde ella estaba enterrada). Después de casi un siglo de búsqueda, su momia se recuperó en 2007. Ahora se encuentra en exhibición en el Museo Egipcio de El Cairo.

AGNODICE

SIGLO III A. C., GRECIA

La partera disfrazada de hombre

Parece absurdo que los hombres pudieran tener tanto control sobre la salud reproductiva de una mujer, sobre lo que las mujeres podían hacer con su propio cuerpo y sobre los destinos de los bebés que daban a luz.

¡Ay, disculpen! Estoy hablando de la antigua Grecia, no del Estados Unidos contemporáneo.

Acepto que las cosas han mejorado desde la antigua Grecia; por ejemplo, ya tenemos claro que el útero no se mueve por todo el cuerpo y que las mujeres pueden ejercer la medicina, sin que se les prohíba por temor a que puedan realizar abortos, como los antiguos griegos lo creían. ¡Qué descaro!

Entonces, hablemos de Agnodice.

Agnodice era una mujer con una misión. Desde una edad temprana, supo que quería ser médico para ayudar a las mujeres. De adolescente, se mudó a Alejandría, Egipto, donde se permitía que las mujeres practicaran la medicina y estudiaran hasta que pudieran recibir a un bebé con una mano amarrada a la espalda; Agnodice no lo hizo, porque era una buena médico.

Después, se cortó el cabello y regresó a Grecia disfrazada de hombre, decidida a salvar a las mujeres como la primera mujer ginecóloga de Atenas, aunque nadie supiera todavía que era mujer.

Enseguida, Agnodice se topó con un problema en el modelo de su profesión: a pesar de que no se les permitía ser médicos, en la antigua Grecia solo las mujeres podían ayudar con el nacimiento y la partería. Cuando quería acercarse a una mujer en labor de parto y le ofrecía su ayuda para asegurarse de que el parto saliera bien, se le echaba porque era un hombre, más bien, porque estaba vestida de hombre.

Entonces, Agnodice usaba la mejor verificación de género que se le ocurría: mostraba rápidamente a la madre embarazada una vista de, digamos, su mujeridad… con lo que usualmente se ganaba el trabajo.

"CIERTA DONCELLA LLAMADA AGNODICE DESEABA APRENDER MEDICINA Y, COMO DESEABA APRENDER, SE CORTÓ EL CABELLO, VISTIÓ ROPA DE HOMBRE Y SE CONVIRTIÓ EN ESTUDIANTE".

Cayo Julio Higinio, *Fábulas*

Los médicos de Atenas pronto estuvieron encima de ella, principalmente porque se dieron cuenta de que sus pacientes mujeres los estaban abandonando para buscar el cuidado de un nuevo muchacho. Se habían puesto celosos, después, sospechosos. El género de Agnodice se reveló y se le mandó a juicio por engaño. El castigo por sus crímenes era la ejecución.

Las cosas parecían ominosas en la corte, cuando apareció un testigo sorpresa. Más bien, una flota de testigos: todas las mujeres a las que Agnodice había tratado, listas para levantar una defensa militar en nombre de su ginecóloga femenina.

Agnodice fue exonerada y se le permitió seguir practicando la medicina. Ya no necesitó seguir exhibiéndose.

Después de tantos cientos de años, es casi imposible verificar si la historia de Agnodice es verdad o ficción. Su vida llega hasta nosotros a través de una combinación de tradición oral y un recuento escrito de Cayo Julio Higinio, un autor latino del primer siglo de nuestra era. De cualquier manera, es una de las leyendas favoritas de la comunidad de la medicina. Y tratándose de una chica ruda tan importante, ¿cómo podía no incluirlo?

TRUNG TRAC Y TRUNG NHI

CA. 12-43 A. C., VIETNAM

Libertadoras de Vietnam

A continuación, les presento una vista panorámica increíblemente simplificada de la situación política de lo que ahora es Vietnam. En los primeros años de nuestra era, Vietnam estaba bajo el control de la dinastía china Han. Los chinos derrocaron el gobierno vietnamita en 111 a. C. y anexaron todo el país a su territorio. El pueblo vietnamita sufrió la supresión de su cultura, el derrocamiento de sus líderes y la perturbación de su vida por las leyes tiránicas de sus nuevos gobernantes supremos extranjeros.

Este es el contexto en el que nacieron Trung Trac y Trung Nhi, en la provincia actual de Mê Lihn. Eran las hijas de un señor vietnamita y crecieron con una educación basada tanto en los libros como en la guerra.

Trung Trac y su esposo, Thi Sach, estaban muy inconformes con el gobierno chino represor, pero el mayor encono lo tuvieron cuando un nuevo gobernador chino asumió el control de su provincia y empezó a cobrar impuestos por necesidades básicas, como la sal o la pesca en los ríos, hasta que exprimió la última gota de los ignorantes campesinos vietnamitas.

Entonces, Trung Trac y Thi Sach empezaron una conspiración. ¿Qué pasaría si movilizaban a la aristocracia? ¿Y si peleaban por la independencia? ¿En contra de la China entera? ¿Qué pasaría si ganaban? ¿Y si después reestablecían un nuevo gobierno vietnamita?

Eran soñadores.

Sin embargo, Thi Sach tenía la mala costumbre de hablar con profusión sobre lo tremendamente descontento que se sentía y lo grandioso que sería que alguien sacara de Vietnam a patadas a los chinos.

Los chinos se enteraron de su franca oposición e hicieron que lo ejecutaran. Su cuerpo fue colgado de las rejas de la ciudad como advertencia para otros aspirantes rebeldes de que no podían meterse con los déspotas chinos. Supusieron que, una vez que se deshicieran de la oposición más abierta a su gobierno, tenían garantizado el continuo exceso de control de Vietnam.

—¡Están equivocados, imbéciles! —dijo Trac— porque yo sigo aquí.

O algo por el estilo.

Trac continuó desde donde su esposo se había quedado. Incluso, tuvo una temeraria segunda al mando, justo como ella lo había sido para Thi Sach: su hermana Nhi. Las hermanas Trung empezaron a reunir lo que probablemente consideraron que sería un pequeño ejército del pueblo, limitado sobre todo a los residentes de su localidad. Sin embargo, su llamado a las armas

se expandió y, de repente, tenían ya 65 ciudades y 80 mil soldados voluntarios para derrocar a los chinos e imponer el liderazgo de las hermanas Trung.

Ninguna de las hermanas tenía entrenamiento militar formal, pero Nhi era luchadora, Trac era política y las dos eran intrépidas. ¡Carajo! Las hermanas Trung eligieron a 36 mujeres de sus filas de voluntarios —incluyendo a su madre— y las entrenaron para convertirlas en generalas. Estas damas guiaron a 80 mil soldados contra los chinos, mientras Trac y Nhi (que posiblemente montaban elefantes, la historia es un poco difusa en este detalle) iban al frente de la carga.

Y esos 80 mil soldados sacaron a patadas al ejército chino de Vietnam.

Después de la victoria, el pueblo proclamó que Trung Trac fuera su gobernadora. La rebautizaron Trung Vuong o "Rey-femenino Trung". Con Nhi todavía en su lugar como chica ruda número dos, Trac estableció su corte real en el poblado natal de las hermanas, Me Lihn, un antiguo centro político en la planicie del río Amarillo. Inmediatamente, eliminó todos los impuestos tipo sheriff de Nottingham que habían impuesto los chinos y restauró un gobierno tradicional vietnamita.

Si esperas un final feliz, deja de leer ahora.

Después de dos años de liderazgo cabrón de las reinas del pueblo, los chinos regresaron como un mal resfriado, esta vez con un ejército enorme y con la intención de recuperar Vietnam de las manos de las Trung.

Pero ¿las hermanas Trung se rindieron sin dar pelea?

Cuatro palabras: ¡Por supuesto que no!

Durante los siguientes tres años, las hermanas Trung se convirtieron en tornados guerreros de la justicia que rechazaron los intentos de China por reclamar Vietnam.

Sin embargo, las superaban en formación militar y en número. Como resultado, Vietnam volvió a caer en manos de la dinastía Han en el año 43 de nuestra era. La rendición no era una opción para las hermanas Trung, pero tampoco lo era morir sin el honor intacto. Entonces, con el ejército Han respirándoles en la nuca, las hermanas Trung cometieron suicidio ahogándose.

Su último acto de desafío fue negarse a morir a manos de los chinos.

Las hermanas Trung han inspirado siglos de luchas de independencia y, actualmente, se les alaba como las primeras libertadoras de Vietnam en historias, poemas, obras de teatro, altares, templos, monumentos, celebraciones anuales... incluso, en timbres postales.

REINA ARAWELO

CA. 15 DE NUESTRA ERA, SOMALIA

La reina de la igualdad de género

La historia comienza como un cuento de hadas: Había una vez, en la tierra que actualmente es Somalia, un reino gobernado por una mujer fuerte y hermosa, conocida como reina Arawelo. Fue la hija primogénita de un rey brutal, cuyos pasatiempos incluían desflorar doncellas, comenzar guerras y atragantarse de tuétano fresco de cabra. Cuando murió, su único legado fue un trío de hijas: ningún heredero varón, lo cual, si has leído alguna vez un cuento de hadas occidental, es un problema. Si esto se pareciera de algún modo a un cuento de hadas, habría alguna especie de concurso arbitrario con colchones o un acertijo para encontrarle a la princesa un esposo que tomara el trono en su lugar, debido al patriarcado.

Sin embargo, como esta es la historia de Arawelo, ella misma tomó el trono.

Debido al matriarcado.

Su primera orden en el cargo: desterrar de su reino los papeles de género estereotípicos.

Antes de que comenzara su gobierno oficial, Arawelo ya estaba acostumbrada a hacer trabajos que tradicionalmente eran de hombres. Cuando era más joven, la sequía y la hambruna azotaban su reino periódicamente, así que organizó a un grupo de mujeres para que buscaran agua y cazaran, el tipo de labores físicas que usualmente hacían los hombres. Cuando asumió oficialmente el poder, Arawelo estaba preparada para cambiar las cosas. Citando las pasadas décadas de guerra que habían afectado a Somalia como prueba de que los hombres rompían todo lo que tocaban, colmó su gobierno de mujeres.

"NUNCA SE CONFÍE EN NINGÚN HOMBRE".

Bajo el régimen de Arawelo, las mujeres dirigían el mundo, y sus hombres se quedaban en casa, cuidaban a los hijos y limpiaban.

Los nuevos decretos con respecto a los roles de género y los nombramientos gubernamentales pasaron la Prueba Furiosa —lo que quiere decir que hicieron que los activistas de los derechos de los hombres se encolerizaran—. Cuando los esposos de su tierra protestaron por el cambio radical, Arawelo y su enorme pueblo de chicas rudas feministas llevaron a cabo una huelga en todo el reinado, dejando a sus hombres con nada más que una nota sobre la almohada: "Las rosas son rojas, el género es performativo; tu concepto de las mujeres es muy normativo". No es así como lo registra realmente la historia, pero sí llevaron a cabo su propio Día sin Mujeres en el que abandonaron sus casas durante un día para demostrar lo esenciales que eran.

Como Arawelo vivió hace tanto tiempo y es una figura icónica, su historia, como muchas otras, ha quedado envuelta en mito.

Dependiendo de quién cuente la historia y qué piense de ella, uno puede oír muchas versiones diferentes de cómo impuso la ley en su reino. Algunas personas dicen que odiaba a los hombres y que incitó a las mujeres para que tomaran las armas y se volvieran violentas. Otras dicen que castró a todos los hombres de su reino, lo que me parece dudoso por lo contraproducente que habría sido para la procreación. Algunas más dicen que castró a todos los hombres con excepción de unos pocos elegidos que usaba como sementales. Otras versiones dicen que, bajo su gobierno, colgaban a los violadores de los testículos (esa es la versión que más me gusta).

Cualquiera que sea el caso, Arawelo tenía las agallas para proponer e imponer ideas radicales de liderazgo femenino en Somalia. Así, sin que sorprendiera a nadie con cerebro y con sentido de justicia social, funcionó extraordinariamente y, bajo el mando de Arawelo, Somalia experimentó un largo periodo de prosperidad.

Como su vida, la caída de Arawelo está igualmente cubierta de leyenda, aunque la versión más popular entre los historiadores es que la asesinó su nieto. Como quiera que la hayan derribado, Arawelo sigue siendo una de las más grandes gobernantes de la historia somalí y una de las primeras gánsteres feministas de la historia universal. Una variación de su nombre sigue siendo un término somalí para una niña o una mujer que es firme e independiente. Ya sea que la amen o la odien, todas las versiones de su vida reconocen la marca que dejó en el pueblo somalí.

Es casi como si la expresión en inglés "Yas, queen!" ("¡Así se hace, chica!") se hubiera inventado para ella.

FÁTIMA AL-FIHRI

800-880 DE NUESTRA ERA, MARRUECOS

Cómo llevar la educación superior al mundo moderno

Fátima al-Fihri nació en Túnez en el siglo IX pero, cuando era pequeña, su familia se mudó a lo que actualmente es Fez, en Marruecos. En ese entonces, Fez era una de las ciudades más importantes de oriente y un centro de la fe islámica. Era un núcleo religioso y cultural, un refugio para inmigrantes de África y Medio Oriente, así como un lugar de acontecimientos en todos los sentidos.

El padre de Fátima era un exitoso hombre de negocios, así que nuestra heroína no creció con muchas carencias. Fátima, su hermano y su hermana Mariam se educaron en temas como la arquitectura, la ciencia y la religión. Toda su familia era devotamente musulmana.

Así, las cosas en Fez eran grandiosas. Fátima creció. Se casó. Vivía bien. Era sumamente culta y feliz.

De repente, las cosas no fueron tan grandiosas. El esposo, el padre y el hermano de Fátima murieron en rápida sucesión.

Es difícil ver el lado positivo de las cosas cuando muere la gente que amas, pero algo bueno salió de este trío de funerales: una fortuna familiar considerable pasó a manos de Fátima y Mariam. Aunque probablemente sintieron la tentación de despilfarrar en compras que les dieran comodidad, ambas hermanas querían usar su herencia para beneficiar a su amada comunidad islámica. Un número enorme de refugiados musulmanes había desbordado la ciudad y las mezquitas de Fez no podían alojar al repentino aumento de la población.

Entonces, las hermanas decidieron que querían darle al pueblo de Fez —que en su mayoría eran inmigrantes, como ellas alguna vez lo habían sido— un espacio de veneración y estudio. Con su mitad de la herencia, Mariam construyó la Mezquita de los Andaluces, mientras que Fátima uso su mitad para establecer la Universidad de Qarawiyyin.

En el año 859 de nuestra era, Fátima financió y fundó la primera universidad moderna del mundo (le encantaba la arquitectura, así que también se involucró estrechamente en cada aspecto del diseño y la construcción), lo que significa que se otorgaban grados en diferentes niveles, dependiendo de qué clases tomaran los estudiantes.

La Universidad de Qarawiyyin se convirtió en un centro de aprendizaje avanzado en el Mediterráneo. A lo largo de su historia de mil años, Qarawiyyin ha educado a muchos pensadores musulmanes y no musulmanes, incluyendo al papa Silvestre II, quien introdujo a Europa los números arábigos y el cero (gracias por nada, Silvestre [bada, bum, tsss]). La Universidad de Qarawiyyin también se convirtió en un

epicentro para el estudio de las ciencias y la arquitectura, casualmente las dos materias favoritas de Fátima.

Y espera, falta lo mejor: la Universidad de Qarawiyyin, que Fátima fundó en 859, sigue otorgando grados hasta el día de hoy.

"LOS COLORES DEL UNIVERSO ESTÁN AHÍ POR LA EXISTENCIA DE LAS MUJERES".

Sir Muhammad Iqbal

La biblioteca de Fátima en la Universidad de Qarawiyyin fue restaurada por otro chica ruda, la arquitecta canadiense-marroquí Aziza Chaouni, y un ala está ahora abierta al público.

Existen historiadores que aseguran que el que Fátima fundara una universidad es completamente falso, que lo creó el internet para contrarrestar estereotipos sobre los musulmanes y apoyar la propaganda de "¡las mujeres lo hicieron!" del movimiento feminista moderno. Como es de esperarse, la mayoría de quienes proponen esta teoría son tipos. Muchos de los argumentos se meten en los tecnicismos de la redacción de los registros históricos de la época, así como en traducciones del árabe. Yo rechazo este argumento sin pensarlo dos veces, pero me siento obligada, como una persona que escribe no ficción, a ponerlo aquí.

MURASAKI SHIKIBU

PROBABLEMENTE CA. 973-1014, JAPÓN

La primera novelista del mundo

No sabemos mucho con certeza sobre Murasaki Shikibu.

No sabemos en qué año nació, cuándo murió o cuál era su verdadero nombre; en realidad, no podemos ubicar un periodo o una fecha exacta de la mayor parte de los acontecimientos de su vida.

Lo que sí sabemos es que fue una poeta rebelde que rompió las reglas del Japón del siglo XI.

Desde temprana edad, Murasaki desafió todas las convenciones de la vida cotidiana en el Japón del periodo Heian. Su madre murió cuando era joven y Murasaki fue criada por su padre soltero. Convención número uno, ¡derribada! Las mujeres y los hombres en el Japón del periodo Heian tradicionalmente se criaban y vivían por separado. En la propiedad de su padre, Murasaki estudió chino junto con sus hermanos: otra convención destrozada. El chino, la lengua del gobierno, solo se les enseñaba a los hombres. Mientras crecía, leyó los clásicos del budismo y se formó en la música, el arte y la caligrafía. ¡Ten cuidado de no tropezarte con algún pedazo, porque esta es otra convención destrozada! Murasaki recibió una educación masculina de un padre que a menudo lamentó que no fuera un hombre, porque era más inteligente que sus hermanos.

A Murasaki no le importó haber nacido mujer. Estaba preparada para cambiar para siempre el curso de la literatura.

Luego, como es común en la documentación del siglo XI, los detalles sobre su vida se vuelven un poco borrosos respecto a lo que sucedió después. Sabemos que se casó con un pariente lejano y que tuvo una hija con él. Él murió poco después. Sabemos que el padre de Murasaki recibió un puesto gubernamental en la provincia de Echizen y que ella siguió a su familia a la corte imperial, donde se le dio un puesto como dama de compañía/escritora en la residencia de Akiko (emperatriz Shōshi), la emperatriz adolescente del emperador Ichijō. La emperatriz se rodeaba de cortesanas que escribían poesía y diarios, ya que vivían en reclusión, celebrando las artes. Recibieron a Murasaki en sus filas y ella pudo nutrir su pasión por la prosa en la colonia artística más estimulante del Japón antiguo.

Probablemente fue alrededor de este momento cuando Murasaki empezó a escribir *La historia de Genji*, una pieza narrativa larga que se considera la primera novela moderna.

La historia de Genji, debe decirse, es enorme. En 54 episodios y un conteo de palabras del doble de *Moby Dick*, sigue la trayectoria de cuatro generaciones y presenta a casi

400 personajes. El personaje principal, Hikaru Genji, el Príncipe Brillante, busca el amor y la felicidad en las cortes japonesas, como cualquier buena historia de un elegido, hasta que el karma le muerde el trasero y se le exilia para que muera en la oscuridad.

"NINGÚN ARTE O APRENDIZAJE DEBE PERSEGUIRSE CON POCO ENTUSIASMO".

La historia de Genji fue un *best seller* inmediato. En una década, se distribuyeron en las provincias ediciones copiadas a mano (está bien, ya sé, no parece un *best seller* inmediato, pero recuerda, es el año 1000 y las noticias viajan muy lentamente). Un siglo después, se le consideraba un clásico de la literatura japonesa. Todas las personas eruditas querían vacacionar en la capital para leer las copias de Genji en persona. Hasta el día de hoy, artistas y calígrafos siguen copiando e ilustrando espléndidamente la historia.

Después de cinco o seis años (recuerda, básicamente no sabemos nada con certeza) de trabajar para la emperatriz, Murasaki se retiró a la región del lago Biwa. Cuando murió (una vez más, ¿quién sabe cuándo exactamente?), dejó atrás un diario de tres años de su vida en la corte, 128 poemas y la primera novela moderna, con lo cual pavimentó el camino para que los narcisistas inseguros renunciaran a sus trabajos diurnos durante los siglos por venir.

El nombre por el que actualmente conocemos a la primera novelista del mundo probablemente sea una combinación del primer nombre de uno de los héroes de *La historia de Genji* (Murasaki es morado en japonés) y el título que se le confirió a su familia debido a la posición de su padre en la corte.

KHUTULUN

1260-1306, MONGOLIA

Campeona de lucha del mundo antiguo

En los tiempos en que todavía eran nómadas guerreros, los mongoles eran los máximos admiradores de los deportes. Adoraban a los atletas y valoraban la fuerza física por encima de casi cualquier cosa. La lucha era donde se demostraba esta fuerza física; de hecho, todavía sigue siendo el deporte nacional de Mongolia y los mongoles del siglo XIII se volvían locos por ella. Sin embargo, las golpizas de aquellos tiempos por las que los fanáticos se volvían locos estaban a continentes de distancia de los encuentros de lucha modernos: cualquier persona podía desafiar a cualquier otra sin importar la edad, el peso o el género. Había nudillos desnudos, poco relleno y casi ninguna regla.

Y si desafiabas a Khutulun en la lucha, más valía que te prepararas para que te rompiera la cara.

Khutulun era la tataranieta de un tipo que se llamaba Genghis Kahn. Es posible que hayas oído hablar de él: fue el tipo que empezó el Imperio mongol, el cual, en su punto álgido, fue el imperio contiguo más grande de la historia, pues se extendía desde China hasta Europa y el Medio Oriente.

El padre de Khutulun era un tipo que se llamaba Kaidu, gobernante de una porción de este reino que abarcaba el actual Uzbekistán, Kirguistán y parte del norte de China. Era un alborotador nómada de la vieja guardia que crió a Khutulun y a sus 14 hermanos mayores para ser cabrones desde el nacimiento, y Khutulun era la más cabrona de todos. Se pasó la mayor parte de su infancia (y, para ser honestos, de su vida) superando a los niños en competencias de fuerza física y mental, y se fogueó (y ganó tanto la fama como la fortuna) en el cuadrilátero a una edad muy temprana.

Cuando llegó el momento de que se casara, Khutulun se sintió tremendamente poco entusiasta ante la idea de atar su vida a la de un tipo. Nunca podría amar a un hombre de la misma manera en que amaba estrellarlo contra el suelo y ver la derrota en sus ojos mientras yacía bocarriba en el centro de la colchoneta.

Esto la llevó a la famosa declaración de que se iba a casar con el hombre que pudiera vencerla en un enfrentamiento de lucha, pero cualquiera que lo intentara y fracasara tenía que pagarle cien caballos.

Poco después, Khutulun tenía 10 mil caballos y ningún esposo.

¡Arre!

Las luchas de matrimonio de Khutulun la convirtieron en una celebridad. Era la soltera mongola nómada más cotizada, pero con deportes de alto contacto en lugar de rosas. Cada pretendiente que le hacía frente a este muro de princesa mongola rápidamente descubría que le separaban las piernas del suelo y era superado, demolido por la mujer que quería hacer su esposa. Después de darles una paliza a los buenos pretendientes, Khutulun convocó un llamado general de contrincantes: se iba a enfrentar a cualquiera que se considerara suficientemente hombre para enfrentarse con ella pero, si perdía, el pago de caballos seguía vigente.

"TAN FUERTE Y VALIENTE QUE EN TODO EL REINO DE SU PADRE NO HUBO UN HOMBRE QUE FUERA CAPAZ DE SUPERARLA EN LAS PRUEBAS DE FUERZA".

Marco Polo, en *The Story of Marco Polo*

Cuando un tipo particularmente fanfarrón apostó mil caballos a que se comprometía con ella, los padres de Khutulun le rogaron que abandonara la pelea porque ya necesitaba sentar cabeza con un buen muchacho. Khutulun aceptó casarse no sin antes mirar a los ojos al tipo arrogante y hacer lo que hacía mejor: tirarlo al suelo.

Khutulun no solo era una luchadora invicta, sino que también era una soldado de caballería con nervios de acero y una firma característica de combate: salía disparada por la tierra de nadie, agarraba a un soldado en una llave, lo tiraba del caballo, lo arrastraba tras su línea de soldados y lo arrojaba a los pies de su padre. No era mucho estratégicamente hablando, pero era muy intimidante. Khutulun —y no alguno de sus 14 hermanos— era la asesora más confiable de su padre en estrategia política y militar cuando estallaba una guerra civil entre las tribus mongolas.

Antes de morir, su padre trató de darle el nombramiento de líder. Ella lo rechazó, pero le dijo que, ya que estaba repartiendo títulos, le gustaría el de general.

Khutulun se convirtió en general del ejército mongol, hizo llaves para ahorcar ejércitos por Asia y siguió su carrera invicta de lucha hasta que murió, probablemente en batalla, a los 45 años, liberada del patriarcado.

Mucho de lo que sabemos de Khutulun proviene de Marco Polo, que era bastante fan de Khutulun y escribió extensamente sobre ella.

Al final, Khutulun sí se casó, cuando empezaron a extenderse rumores desagradables sobre por qué exactamente no tomaba un esposo. La historia no es completamente certera sobre con quién se casó, pero sabemos que no la venció en las luchas. Ella permaneció invicta toda su vida.

En la historia, Khutulun es conocida con muchos nombres, incluyendo Aiyurug y Ay Yaruq, todos con referencia a la luna.

Los números reales de las ganancias de Khutulun en caballos son un poco vagos. Algunas personas dicen que obtenía 10 caballos de cada hombre que vencía. Otras dicen que cien. De cualquier manera, fueron muchos caballos.

SAYYIDA AL-HURRA

1485-1561, MARRUECOS

Reina pirata del Mediterráneo

Antes de empezar este capítulo, déjen me sacarme una espina del pecho: en realidad, no sabemos el verdadero nombre de esta mujer.

El nombre con el que la recuerda la historia, Sayyida al-Hurra, en realidad es un título que significa "mujer noble que es libre e independiente" o "mujer soberana que no se inclina ante ninguna autoridad superior", y por el que he intentado que mis amigos me llamen desde hace años. También se le registró con el título Hakima Tatwan, la ciudad marroquí que gobernaba. Además, si la historia no recuerda tu nombre, no hay mal modo de llamarse.

Sin embargo, en la mayor parte de los recuentos de su vida se le llama Sayyida y, a pesar de que sé que ese no era su verdadero nombre, como no tengo otra respuesta definitiva, así le llamaré yo también.

Entonces. Sobre Sayyida.

Nacida en 1485, en una familia musulmana en Granada, la infancia de Sayyida dio un giro de 180 grados en 1492, que recordarás como la fecha en que Colón navegó el océano azul. La rima que no nos enseñan en la escuela es que en 1492 los monarcas españoles Fernando e Isabel conquistaron el reino musulmán de Granada y que sus ejércitos asesinaron y esclavizaron a cientos de miles de musulmanes, además de que obligaron a otros 20 mil a huir. Los españoles eran verdaderos imbéciles en 1492.

Sayyida y su familia estaban entre los que huyeron y encontraron refugio en el actual Marruecos, donde volvieron a empezar de la nada. Desde entonces, Sayyida empezó a jugar el largo juego de planear su venganza de los bastardos españoles que desplazaron a su familia y asesinaron a su pueblo.

Pero todo a su tiempo.

De joven, se casó con otro refugiado que casualmente también era el gobernador de la ciudad de Tetuán, en Marruecos, lo que la convirtió en la primera dama. A pesar de que había entre ellos una vasta diferencia de edad, al parecer los dos sentían un verdadero respeto por el otro. Juntos fortificaron la ciudad y construyeron una enorme mezquita.

Cuando su esposo murió, Sayyida aprovechó el momento —y el trono— y se declaró gobernadora de Tetuán (así fue como obtuvo el título de "al-Hurra", que significa "reina"; fue la última mujer musulmana de la historia que usó ese título).

Fue entonces cuando realmente comenzó su búsqueda de venganza contra los malditos españoles que destruyeron a su familia y a su pueblo. Empezó con una flota pirata.

Sayyida forjó una alianza con los piratas berberiscos, el flagelo de muchas rutas comerciales europeas y jefes supremos del mar Mediterráneo. Bajo el liderazgo de Sayyida, sus nuevos mejores amigos piratas reunieron una flota que acechó las rutas navales europeas e hizo estallar en pedazos todas las naves que provinieran de algún país que hubiera exiliado y asesinado musulmanes.

Sayyida después tomaba el dinero de los saqueos de estos barcos y, luego de darles su parte a los piratas, usaba lo que quedaba para hacer Tetuán aún más increíble. La zona, que alguna vez había estado por desplomarse, poblada por refugiados en problemas, se desarrolló, y las familias que habían perdido todo cuando las echaron de España fueron recompensadas.

Como puedes imaginar, Sayyida fue una dirigente popular entre su pueblo.

Las verdaderas hazañas de Sayyida, como era de esperarse porque ni siquiera conocemos su nombre, no están bien documentadas. Hay historias en las que se dice que capturó a la esposa del gobernador de Portugal y pidió rescate por ella; existen otras en las que se cuenta que personalmente condujo ataques en la costa de Gibraltar. Algunos recuentos mencionan que en realidad nunca puso un pie en un barco, que simplemente dirigió el imperio pirata desde su trono en Tetuán. Lo que sabemos con certeza es que, durante 20 años, Sayyida gobernó el Mediterráneo occidental con una flota de piratas que estaban a sus pies y con venganza en el corazón.

"LA LÍDER INDISCUTIBLE DE LOS PIRATAS EN EL MEDITERRÁNEO OCCIDENTAL".

Fatema Mernissi, *Las sultanas olvidadas. La historia silenciada de las reinas del Islam*

En 1541, se casó con el rey de Marruecos pero, a pesar de ser una auténtica reina con mayores propiedades a sus pies, se negó a abandonar la gubernatura de Tetuán o sus actividades piratas extracurriculares.

No estamos totalmente seguros de qué le ocurrió después de eso. Su yerno la destronó en 1542 y en ese punto desaparece por completo de los libros. No hay registros de su muerte.

Sin embargo, parece justo suponer que nuestra reina pirata / reina real / ¡reina! dejó el trono para entrar en el canon de chica ruda de la historia como hizo todo lo demás: como una jefa.

MOCHIZUKI CHIYOME

SIGLO XVI, JAPÓN

La viuda que entrenó ninjas

El Japón del siglo XVI habría hecho que occidente pareciera un libro infantil. No le llaman el periodo de los Estados Guerreros (Sengoku) porque fuera pacífico. Un conflicto de 175 años estaba en su punto más intenso. El emperador japonés era básicamente un representante que vigilaba el baño de sangre interno que se llevaba a cabo entre la nobleza feudal, que peleaba por poder y territorio cortándose las caras unos a otros con katanas.

Fue un tiempo brutal y violento para estar vivo, y casi todos perdieron a alguien en el conflicto.

Incluyendo a Mochizuki Chiyome.

Cuando su esposo, Moritoki, se convirtió en una de las consecuencias de que nadie pudiera llevarse bien en Japón, a Mochizuki la acogió el tío de su esposo, el noble Takeda Shingen. Takeda Shingen le había prometido a su sobrino que cuidaría a su esposa si él muriera en batalla.

¡Oh, sí le cumplió…!

Cuando Chiyome llegó a la puerta de Takeda Shingen, ya era una dama de hierro entrenada en artes marciales y espionaje. Era descendiente de Mochizuki Izumo-no-Kami, un épico maestro de artes marciales, así como de una línea de guerreros que alguna vez habían sido propietarios de una academia ninja llena de trampas disfrazada de compañía farmacéutica. Entonces, aunque Shingen probablemente planeaba que "cuidar a Chiyome" significaría darle un lugar donde pudiera beber té y ser un ornamento de jardín, Chiyome tenía una oferta diferente para él: ¿qué tal si le ayudaba con la guerra que estaba peleando (y también con los parientes que estaban intentando asesinarlo debido al antes mencionado festival de samurái contra samurái por el poder)?

Shingen estuvo superconforme con eso.

Con la bendición y el financiamiento de Shingen, Chiyome montó un campamento en el poblado de Nezu. Anunció su establecimiento como un santuario religioso donde las mujeres podían buscar refugio de los horrores de la guerra.

Pero, en realidad, era una escuela secreta de entrenamiento para mujeres ninja.

Chiyome viajaba a los poblados azotados por la guerra y reclutaba niñas pequeñas huérfanas, viudas y cualquier otra mujer con mala suerte que necesitara volver a empezar y que fuera hábil con una espada. El resto de Japón veía esto y probablemente reflexionaba sobre lo hermoso que era y sobre qué mujer tan agradable, caritativa y normal era Chiyome.

Nunca sospecharon que lo que realmente estaba pasando en Nezu era básicamente un montaje de entrenamiento de película de acción, en el cual Chiyome transformaba a estas niñas desdichadas, que no eran nadie, en chicas rudas guerreras, frías como el acero.

Conocida como *kunoichi*, Chiyome les enseñaba a sus estudiantes cómo hacerse pasar por sirvientas, doncellas de templos, artistas viajeras, peregrinas religiosas, nobles, sacerdotisas o bailarinas para obtener acceso a los santuarios íntimos de sus enemigos y recopilar secretos. Las estudiantes tenían entrenamiento en etiqueta, danza, canto y técnicas del disfraz e infiltración que les ayudaría a mezclarse en la alta sociedad. Era una educación bastante básica de buenas maneras, pero con el plus de las artes marciales, el espionaje y las técnicas de memorización y resistencia en caso de tortura.

Después del entrenamiento, las lanzaba al campo a luchar por Takeda Shingen.

Las mujeres ninja plantaban documentos falsificados, transmitían mensajes, envenenaban suministros de agua y difundían rumores falsos. Ocasionalmente, cortaban una garganta o dos. Aunque nunca vieron un combate, robaban información secreta, escuchaban conspiraciones de asesinato, averiguaban las defensas de una ciudad y, en general, eran fundamentales para el esfuerzo bélico. Todo bajo la cuidadosa tutela de Mochizuki Chiyome.

Se estima que, entre 1561 y 1573, tenía alrededor de 300 agentes a lo largo de Japón, que le transmitían la información directamente a ella para que pudiera pasársela a Takeda Shingen.

Ojalá pudiera agasajarte con historias de estas mujeres girando mortales entre pagodas y lanzando estrellas ninja a los ojos de sus enemigos, pero no conocemos muchos detalles de sus subterfugios, porque Chiyome no quería que quedaran pruebas de sus hazañas en papel membretado de la compañía, así que no existen registros de sus misiones. Solo digamos que convertir un convento lleno de viudas y huérfanas en una estructura de saboteadoras con nervios de acero, que se infiltraban en la sociedad japonesa devastada por la guerra... eso es ser cabrona.

Después de la muerte de Shingen, Chiyome no volvió a mencionarse en la historia. Simplemente desapareció en el aire, junto con todas sus agentes.

Chica ruda.

DOÑA ANA LEZAMA DE URINZA Y DOÑA EUSTAQUIA DE SONZA

CA. 1600, PERÚ

El dueto de vigilantes que limpió la ciudad más ruda de Perú

Antes de comenzar esta historia, que es tan extraordinaria que te va a derretir la cara, permíteme plantear el escenario:

Potosí, Perú, una de las ciudades más rudas de Sudamérica en la década de 1600 o cualquier lugar, quizá, en cualquier tiempo. Imagínate la distribución de la riqueza de Panem en *Los juegos del hambre* en una ciudad del tamaño de Londres. La mitad de Potosí estaba viviendo al estilo de Jay Gatsby y bebiendo champaña en copas hechas con billetes de cien dólares, mientras que la otra mitad estaba comiendo tierra, muriendo lentamente de enfermedades horribles y usando capas extras de ropa en un intento por protegerse en caso de que los apuñalaran en el camino a la tienda de abarrotes.

Sin embargo, de alguna manera, estos dos mundos se fusionaron cuando una niña pobre llamada Ana Lezama de Urinza conoció a Eustaquia de Sonza, hija de uno de los que lanzaban fiestas al estilo de Jay Gatsby, en lo que trágicamente no se registró, pero probablemente fue el encuentro más tierno de la historia.

Eustaquia tenía la especie de vida en la que sirvientes con hojas de palmeras le llevaban martinis en bandejas de diamantes, pero, como muchas niñas ricas, era solitaria. No quería una amiga: quería una chica guapa que ligarse (que en la historia a menudo se codifica como "amiga"). Ahí es donde Ana, una rata callejera del otro lado de la calle, entra en el juego.

Sin embargo, no le mencionaron esa parte al padre de Eustaquia cuando le pidieron que Ana fuera oficialmente adoptada en su propiedad de oro puro.

El papá de Eustaquia estuvo de acuerdo: habría otra niña para que su amada hija bordara, tomara el té e hiciera todas esas cosas de señorita.

Sin embargo, Ana y Eustaquia no podían tener menos interés en el bordado. Querían aprender a pelear.

Ana y Eustaquia compartían la pasión por las peleas de espadas y, como Eustaquia tenía padres indulgentes, pronto estuvieron estudiando con maestros de esgrima. Cuando se hicieron demasiado buenas para sus maestros esgrimistas, decidieron llevar sus habilidades a las calles e impartir justicia al estilo de vigilantes a los criminales que amenazaban a los inocentes de Potosí.

Como no era muy adecuado que las señoritas merodearan sin chaperones por el entorno sin ley al estilo de Ciudad Gótica de Potosí, Eustaquia y Ana se disfrazaban. Cada noche, salían de su villa vestidas como hombres y merodeaban por las calles en busca de cráneos que partir. Eran las Batman y Robin homosexuales femeninas de Perú.

De parranda por las calles de la ciudad más peligrosa de Sudamérica, estas dos muchachas disfrazadas se paseaban por bares, bebían, bailaban y apostaban hasta que ubicaban a un inocente en peligro. Entonces sacaban las espadas.

En una de sus famosas batallas, Ana y Eustaquia se enfrentaban a cuatro bandidos. Como cualquier dueto de acción, las chicas peleaban espalda con espalda. Cuando alcanzaron a Ana en la mandíbula y perdió la conciencia, Eustaquia entró en modo total de Rambo. Peleó contra LOS CUATRO HOMBRES SOLA para proteger a su novia herida y desde luego que venció a esos hijos de puta.

No se preocupen, Ana se levantó tambaleándose y le cortó la mano al tipo que la había herido.

El bandido, ahora manco, y sus tontos amigos huyeron.

Durante cinco años, Ana y Eustaquia asistieron a las fiestas más finas en salones, después se arrancaban los vestidos en un callejón oscuro cuando se encendía la batiseñal. Corrían a la ayuda de los ciudadanos de Potosí, haciendo su parte para que las peligrosas calles tomadas por el crimen fueran un poco menos violentas y peligrosas. Al final, se supo que en realidad eran dos mujeres las que impartían la justicia y fueron conocidas como las Valientes Damas de Potosí.

La pareja se retiró cuando el padre de Eustaquia murió y le dejó a las chicas su propiedad completa. Sin embargo, claramente aún siguieron haciendo su buena parte de desastre, porque Ana murió pocos años después, luego de que la corneara un toro (trágico, sí, pero así es como se van las chicas rudas). Eustaquia entró en duelo por Ana y murió solo cuatro meses después de corazón roto.

Hasta el día de hoy, las Valientes Damas de Potosí siguen siendo uno de los cuentos folclóricos más populares de la historia peruana.

Como muchas mujeres homosexuales de la historia, no podemos saber con certeza si la relación de Ana y Eustaquia era verdaderamente romántica. Sin embargo, su historia tiene gran parte de los códigos que se usan para las mujeres homosexuales en el pasado.

Las Valientes Damas de Potosí se hicieron legendarias al punto de que es difícil separar la realidad de la ficción cuando se estudian sus vidas. Las fuentes principales son escasas y las que existen tienden a inclinarse hacia la leyenda. Yo recreé lo que pude con base en las fuentes que encontré, pero queda mucho espacio para narración en la recreación de sus vidas.

LADY MARGARET CAVENDISH

1623-1673, INGLATERRA

La geek original de la ciencia ficción

Si en 1700 hubiera habido una Comic Con en Inglaterra, la fila más larga de autógrafos de la convención habría sido para llegar a Margaret Cavendish, duquesa de Newcastle-upon-Tyne, una mujer cuyo nombre y título —aunque bastante largos en sí mismos— no incluyen una mención de que también escribió la primera novela de ciencia ficción.

Como muchas mujeres de su edad y situación social, Margaret tenía un extenso número de hermanos y no obtuvo ninguna educación formal. Como no era común que las mujeres se aficionaran por los libros, se enseñó a sí misma en secreto y, debido a que tenía muchos hermanos, nadie se dio cuenta.

De joven, vivió en el exilio como dama de honor de la reina de Inglaterra en Francia (todo ocurrió durante la Guerra Civil inglesa, que fue un periodo complejo y peligroso para estar relacionado con ciertos miembros de la familia real). Cuando regresó a Inglaterra, tuvo un esposo y un nuevo deseo por dedicarse al estudio de las ciencias, gracias a las mesas redondas al estilo de los salones de los que había sido parte en el continente. El problema era que el mundo científico era básicamente inaccesible para las mujeres de su tiempo. Sin embargo, su esposo, que también era un filósofo natural *amateur* ("científico" aún no existía como palabra), apoyó sus intereses y la ayudó a relacionarse con hombres como Thomas Hobbes, Robert Boyle y René Descartes, quienes contribuyeron a su educación científica.

Al parecer, aprendió bastante rápido porque, en 1663, Margaret publicó el libro *The Philosophical and Physical Opinions*, donde presentó algunas teorías complejas sobre el movimiento atómico y su cooperación para conformar organismos complejos (también escabulló a hurtadillas una solicitud para que existieran más oportunidades educativas para las mujeres). Al año siguiente, publicó otra obra en la que desafiaba ideas de muchos filósofos naturales contemporáneos, mientras sufría el ridículo por ser la primera mujer inglesa registrada que tuviera la intención de publicar bajo su propio nombre. En aquellos tiempos, no se esperaba que las mujeres que escribían quisieran compartir su trabajo ampliamente, sino que cualquier tipo de escritura que llevaran a cabo debía crearse solamente como algo entretenido para pasar entre sus amigos (solo por referencia, 200 años después mujeres como las Brontë y George Elliot aún publicaban bajo sus pseudónimos masculinos con el fin de que las tomaran con seriedad).

Sin embargo, ella siguió escribiendo.

Margaret fue una autora prolífica con un número absurdo de poemas publicados, ensayos, obras de teatro y prosa a lo largo de su vida, pero hablemos específicamente sobre su novela *El mundo resplandeciente*, la cual bien podría ser precursora del estilo *steampunk*. Es posible que reconozcas lo básico de cualquier cantidad de novelas de portales fantásticos modernos: un mercader enamorado secuestra a una mujer; entra, a través de un portal en el Polo Norte, a un mundo onírico de fantasía: donde la población está conformada por unas criaturas sintientes, mitad humanas mitad animales, y unas naves aéreas gigantes pueblan los cielos. Nuestro personaje principal se convierte en su emperatriz y con sus sujetos de otro mundo explora maravillas naturales y hace ciencia.

Lo que la hace diferente de cualquier otra novela de portal fantástico es que se ha sostenido que *El mundo resplandeciente* es la primera novela de ciencia ficción que se haya escrito.

Como cualquier buena novela de ciencia ficción, Margaret usó su mundo imaginario para hacer preguntas sobre hacia dónde iba la ciencia en el mundo real, así como para examinar las relaciones cambiantes entre Dios y el hombre conforme las sensibilidades de la Ilustración entraban a todo vapor en la teología histórica. También consideraba los roles de género, puesto que los dos personajes principales son mujeres; además, Margaret también usó la inserción personal al hacerse brevemente un personaje, siendo, por consiguiente, pionera en la técnica Mary Sue, además de tocar temas de poder y política.

La introducción del libro, escrita por Margaret, comenzaba: "para todas las damas nobles y valiosas... y si [las nobles damas] encuentran placer al leer estas fantasías, me consideraré una creadora feliz".

No solo Margaret escribió una de las primeras novelas de ciencia ficción (aunque tal vez sea la primera), sino que además la escribió para las mujeres.

En su vida personal, Margaret era adepta a la moda. Le encantaba utilizar ropa poco común (esta mujer estaba hecha para la cultura *geek* moderna —habría sido una *cosplayer* genial—). Era indecente y franca en público, creía en los derechos de los animales, criticaba la obsesión de su sociedad por el constante avance tecnológico (el mundo en realidad nunca cambia, sépanlo). Era extravagante y coqueta; insultaba con frecuencia y con gran placer, y se ganó el apodo de *Madge la Loca* entre la élite social.

Desafortunadamente, una de sus peores buenas ideas fue actuar como su propia doctora, y como resultado murió en 1673.

Margaret fue la primera mujer a la que se invitó a observar experimentos en la Real Sociedad de Londres, un foro para los científicos hombres del momento. Desafortunadamente, también fue la última por un tiempo: la prohibición de mujeres en la Real Sociedad duró hasta 1945, lo cual francamente es una cantidad de tiempo inaceptable.

Sería negligente si no anotara al pie otra de mis mujeres históricas favoritas, Mary Shelley, quien fue otra de las primeras escritoras de ciencia ficción. Es tan bien conocida que decidí no incluirla en este libro, pero también puede sostenerse con fuerza que Frankestein es la primera novela de ciencia ficción. Cualquiera que sea el caso, un género que ahora poseen falsos admiradores de las mujeres y que produjo el Gamergate —un caso de acoso contra mujeres importantes de la industria de los videojuegos— fue fundado por mujeres. Piénsenlo.

REY CRISTINA DE SUECIA

1626-1689, SUECIA

La nerd inconforme por los asuntos de género que gobernó Suecia

Todo el mundo se emocionó cuando nació Cristina porque, durante unos pocos segundos felices, todos pensaron que era un varón.

Como probablemente hayas adivinado por el título del libro, no lo era.

Mientras que muchos reyes destruyeron muebles por la ira de que su primogénito no fuera varón, el padre de Cristina, el rey Gustavo II Adolfo, se sintió tranquilo al respecto.

Habrá sido una niña, pero él no la iba a criar como tal.

Como la primogénita real, el rey se aseguró de que, a pesar de sus cromosomas X, Cristina recibiera el tipo de educación que usualmente se reservaba para los príncipes.

Cristina heredó la corona cuando Suecia estaba hasta el cuello en la Guerra de los Treinta Años. Un conflicto que comenzó cuando el sacro emperador romano restringió las actividades religiosas en su reino. Como Cristina era demasiado joven para gobernar y Suecia tenía la sensatez de no querer una puberta a cargo, se designó un regente al trono hasta que ella tuviera edad suficiente, y la corte nombró a dos mujeres para que criaran a la chica-rey. Ellas dos no estaban involucradas románticamente una con otra, pero, básicamente, Cristina creció con dos mamás.

Con sus dos mamás, Cristina se convirtió en el tipo de niña real que, si hubiera sido la heroína de una novela para jóvenes, hubiera sido un lugar común: superguapa, un poco fuera de control, gran amante de los libros (leía hasta diez horas de un jalón), hablaba ocho lenguas y no era tan interesada por cosas tradicionalmente femeninas. Tenía fama de ser un poco torpe (su malvado canciller [habrá más sobre él un poco más adelante] contrató a una compañía de ballet para que le enseñara a ser agraciada), ya que con frecuencia se le encontraba con un aspecto desaliñado, con ropa de hombre e insultando como un marinero. También era una tiradora magnífica, amante de las bromas sucias y de las historias de aventuras.

En pocas palabras: era una niña rey andrógina, amante del aprendizaje y los pantalones, que creció en una guerra y quiso la paz, aunque vivía bajo el control de un regente que se dedicaba a la guerra.

Abróchense los cinturones, aquí viene el malvado canciller.

Mientras Cristina se ocupaba en crecer, el conde Axel Oxenstierna, canciller de Suecia, controlaba el país en su lugar y era de lo más malvado. Le encantaba la guerra; si la ley sueca lo hubiera permitido, se habría casado con la guerra. Era un partidario entusiasta de que Suecia siguiera peleando con todo en la Guerra de los Treinta Años, así que trató de actuar a espaldas de la lady-rey y envió a un delegado para que defendiera el conflicto bélico en una conferencia por la paz.

Afortunadamente, Cristina descubrió su engaño y envió a su propio delegado para que hablara en defensa de la paz y sacara a Suecia de la maldita guerra. Después, echó a Oxenstierna y puso su trasero en el trono, a donde pertenecía por derecho.

Ahora que el rey Cristina había sacado a su país de la guerra, decidió convertirlo en la capital intelectual de Europa.

Bajo el gobierno de Cristina, Estocolmo se convirtió en la Atenas del norte. Si enlistara todas las cosas que estudió Cristina y a todos los eruditos que invitó a su corte, estaríamos aquí el resto del libro: del teatro al Islam, a la danza griega, solo por enumerar unas cuantas. Tenía amistad por correspondencia con Descartes y estableció una de las mejores colecciones de arte de Europa. Inspiró el primer periódico sueco y el primer decreto escolar de ámbito nacional. Básicamente, era la central de los nerds.

Cristina también fue una política cabrona. Había sido activa en la política desde los 14 años (una edad en la que la mayoría de nosotros era el tipo de cabeza de chorlito irresponsable que accidentalmente habría hecho estallar cualquier país escandinavo del que nos hubieran puesto a cargo) y evitó que la turbulencia de la posguerra se convirtiera en un conflicto interno en Suecia. También se le conocía por su protección militante de las libertades personales, por sus obras de caridad y sus actividades como protectora de los judíos. Sin embargo, también tenía sus problemas. Era una importante mecenas del arte, que no es una empresa barata, y endeudó un poco al país.

Pero, sobre todas las cosas, Cristina era una grandiosa lady-rey nerd como no había dos.

Y estaba superdesinteresada en casarse.

A los nueve años, Cristina había leído una biografía de la reina Isabel I y decidió que la reina virgen había pensado lo correcto con respecto al asunto de no tener ningún hombre, así que tomó la decisión tajante de no casarse nunca.

Nadie se lo tomó en serio, porque ¿quién se toma al pie de la letra cualquier cosa que decida sobre su futuro una niña de nueve años? Pero adivina qué: nunca se casó. A pesar de lo persistentes que fueran los hombres de la corte sueca acerca de que la lady-rey tenía que casarse, hacer bebés y tener un rey que gobernara como hombre, Cristina se negó.

¿Qué tenía Cristina en lugar de esposo? Bueno, probablemente un tatuaje que decía "Muera el patriarcado" con un pequeño unicornio sonriente.

Pero también tenía amantes ladys, en específico, su dama de compañía: la condesa Ebba Sparre. Las dos mujeres se escribían apasionadas cartas de amor y Cristina llamaba a Ebba su "amiga y compañera de cama". Cristina hizo decapitar a un hombre por haber llamado Jezabel a Ebba y difundir rumores sobre su infidelidad; después, probablemente se puso otro tatuaje para conmemorar haber acallado al avergonzador de zorras con fobia a los bisexuales.

Entonces, todo parecía ir genial en la corte de Cristina, donde sonaba repetidamente

"Single Ladies" y todos tenían credenciales gratuitas de JSTOR.

Pero después, a 10 años de su reinado, Cristina abdicó al trono.

¿Por qué? No lo sabemos en realidad. Ni Europa tampoco.

Quizá porque quería convertirse al catolicismo, lo cual estaba prohibido en Suecia.

Quizá porque la presión para que contrajera matrimonio estaba siendo demasiada.

Cualquiera que fuera la razón, a los 27 años Cristina abandonó el trono de Suecia y huyó a Roma, vestida de hombre.

Luego, se dedicó a pasar el resto de sus días impresionando a la sociedad europea con sus modales salvajes y su rechazo a tener un comportamiento tradicionalmente femenino. Fue amiga de cuatro papas y de Luis XIV, quien pensaba que Cristina tenía cojones por haberse presentado a su corte usando pantalones. En algún punto, trató de ganarse con su elocuencia los tronos de Nápoles y Polonia. No funcionó, pero buen intento, Cristina.

"ES UNA FELICIDAD MUCHO MÁS GRANDE NO TENER QUE OBEDECER A NADIE QUE GOBERNAR TODO EL MUNDO".

Cristina murió en 1689, como una rebelde intelectual inconformista hasta el final. Su tumba está en la Basílica de San Pedro en Roma.

Muchos historiadores han especulado cómo se habría identificado Cristina si hubiera vivido en nuestros tiempos y hubiera tenido nuestro vocabulario moderno para la identidad sexual y de género. También hay cierta especulación sobre si era intersexual (la exhumación de su cuerpo no arrojó pruebas concluyentes). Como literalmente no hay modo de viajar en el tiempo para tener algún tipo de certeza, elegí usar "ella", porque asignar a los personajes históricos pronombres diferentes a los que usaron o etiquetas de las que no conocieron su existencia me hace sentir guácala.

Una nota sobre el vestido mixto de Cristina: en sus tiempos, era un verdadero problema que una mujer no usara ropa femenina (y es una decepción, pero todavía lo es en muchos lugares). Las relaciones homosexuales entre mujeres realmente no se tomaban en serio a menos que una de esas mujeres empezara a actuar como hombre. El siglo XVII no estaba de parte de la fusión de género.

JULIE D'AUBIGNY, TAMBIÉN CONOCIDA COMO LA MAUPIN

1673-1707, FRANCIA

Espadachina bisexual, cantante de ópera y pendenciera

Julie D'Aubigny fue muchas cosas: famosa novelista, seductora de monjas, travesti que dejó una serie de corazones rotos y enemigos amargados en Europa; si ninguna de esas cosas te interesa, no estoy segura de por qué estás leyendo este libro.

Nacida en 1673 en Francia, no estamos completamente seguros de que Julie fuera su verdadero nombre; lo único que sabemos con certeza es su nombre de escena: la Maupin. Sin embargo, a menudo se le acreditaba como Julie en las listas de elenco cuando se convirtió en una sensación del canto, y Julie D'Aubigny es el nombre por el que más comúnmente se le conoce hoy en día. Su madre dejó de figurar a una edad temprana y su padre, un descarado vicioso que entrenaba a los pajes reales para la corte francesa, al parecer en realidad deseaba que su querida hija pequeña fuera un querido hijo pequeño, porque la formó junto con ellos en esgrima, equitación, caza y todas esas actividades de hombres del siglo XVII.

Esta educación poco ortodoxa podría explicar la predilección temprana de Julie por usar ropa de hombre, sacudir espadas y conocer caballeros, a menudo en el sentido bíblico.

Siguiendo la tradición centenaria de padres protectores, el papá de Julie tenía la costumbre de desafiar a duelo a cualquier hombre que tuviera el atrevimiento suficiente para cortejar a su hija. Cuando ella se dio cuenta de que tendría que buscar algunas soluciones creativas si alguna vez quería tener sexo, Julie se involucró con el único tipo al que su papá no podría desafiar a duelo: el jefe de su padre.

Y entonces su papá decidió que probablemente tenían que casarse.

Julie, sin embargo, decidió que probablemente no.

Cuando se acordó un compromiso entre la señorita Julie y un pusilánime trabajador de la corte real, Julie hizo que todo mundo supiera exactamente cómo se sentía, huyendo para convertirse en una esgrimista del entretenimiento.

Como una prodigio del esgrima adolescente, Julie viajó por toda Francia con un esgrimista sinvergüenza que se convirtió en su amante y socio de negocios, haciendo demostraciones con la espada ante multitudes que se volvían locas por esa chica delgada que podía pelearse con el más robusto de los hombres. Los años de entrenamiento como paje hicieron que Julie fuera tan buena que, durante una demostración, un imbécil sexista de la audiencia dudó de que en realidad fuera una mujer, porque las mujeres no podían pelear tan bien.

Entonces, Julie le mostró los senos.

Mientras peleaba.

Lo cual fue prueba suficiente.

Sin embargo, la capacidad de atención de Julie era bastante breve con respecto a cualquier cosa y pronto se cansó de su amante esgrimista. En especial, cuando vio a la hermosa hija rubia de un comerciante local. Después de descubrir que su hija era homosexual, como un billete de tres dólares, los padres de la muchacha decidieron que lo mejor era separarla de Julie metiéndola en un convento.

No había problema para Julie: también ella tomó el hábito.

Juntas tuvieron relaciones monjeriles secretas en la casa de Dios. Cuando las descubrieron, tomaron el cuerpo de una monja recién fallecida (murió de causas naturales, no se preocupen; Julie fue muchas cosas tremendas, pero no una asesina de monjas), lo escondieron en su cama para cubrir su escape y quemaron el convento de salida a la puerta.

Y eso fue antes de que Julie cumpliera 20 años.

Desgraciadamente, después de tres meses de relaciones felices tras el convento, Julie se aburrió otra vez y dejó a su novia por un nuevo amante: el teatro. Julie se convirtió en una superestrella de la ópera en Francia, bajo el pseudónimo de Mademoiselle Maupin. Las audiencias se volvían locas por Julie, tanto porque tenía una voz única (una de las primeras y únicas contraltos en el escenario de esa época), como porque tenía el tipo de vida personal que los tabloides de 1700 habrían devorado. Los pasatiempos de Julie incluían el canto, las apuestas, la seducción de hombres, la seducción de mujeres, la seducción de mujeres mientras se vestía de hombre y desafiar a duelo a los hombres que trataran de detenerla.

"HERMOSA, VALIENTE, GENEROSA Y SUMAMENTE INDECOROSA".

Cameron Rogers, *Gallant ladies*

A pesar de que el duelo era ilegal en Francia, Julie fue famosa por salirse con la suya al empezar peleas con cualquiera que la mirara mal. Cuando un caballero en su compañía de ópera era misógino detrás del escenario, Julie ejercía justicia por su propia mano: lo seguía a casa después de un ensayo, lo golpeaba en la calle con un bastón y le robaba el reloj. Al siguiente día de trabajo, mientras él contaba la historia sobre cómo lo habían asaltado varios hombres enormes de camino a casa, que le habían dejado moretones gigantes en la cara, Julie sacaba el reloj robado.

—¡Sorpresa, imbécil! —decía probablemente.

Sus vulnerabilidades románticas eran igualmente legendarias, así como su cariño por el travestismo, que llevaba a cabo desde su juventud. Solo parecía ser un problema para los hombres de Francia cuando les robaba la atención de las mujeres bonitas. En un baile real, Julie (vestida de varón) notaba a una mujer detrás de la que iban todos los hombres, la tomaba como un desafío personal y enseguida las dos estaban besándose en la pista de baile. Todos los hombres que estaban detrás de esa muchacha se enojaban, así que Julie se encargaba adecuadamente del asunto:

los sacaba al patio, sacaba la espada y les partía la cara.

Debieron haberla condenado a muerte por duelo, pero el rey de Francia, Luis XIV, pensaba que era tan maravillosa que la perdonó.

La Maupin era una reina del drama en el escenario y fuera de él. Durante una breve temporada en Bruselas (posiblemente un exilio debido al exceso de duelos) se apuñaló a sí misma con una daga real en el escenario para obtener la atención de un noble de Bavaria, su amante caballero, cuyo afecto había estado divagando. Curiosamente, esto no le hizo recuperar su atención, sino que lo asustó. Le ofreció a Julie 40 mil francos para que se separaran en buenos términos y, aunque uno pensaría que la *friendzone* apesta un poco menos con un bono en efectivo, Julie le lanzó las monedas a la cara, lo golpeó y lo empujó por las escaleras.

Después, tan misteriosamente como llegó a la escena de la historia, Julie desapareció. Sabemos muy poco sobre sus últimos años de vida; solo se tienen datos de que murió alrededor de los 37 años de causas desconocidas.

Como escribió el poeta: solo los extraordinarios mueren jóvenes.

SYBILLA MASTERS

1676-1720, ESTADOS UNIDOS

Madre de todos los inventos (patentados)

Es muy difícil determinar con certeza si Sybilla Masters fue la primera mujer inventora de Estados Unidos, principalmente porque la mayor parte de las mujeres inventoras a lo largo de la historia tenía que vadear la ciénaga de sexismo y burocracia con el lodo hasta el cuello, mientras que los hombres a cargo se negaban a reconocer sus logros, así que la mayoría se rindió y simplemente permitió que alguien con un pene se llevara el crédito.

Y Sybilla también tuvo que vadear sus propias ciénagas, pero persistió.

Sybilla apareció por primera vez en los registros de las colonias americanas en 1692, cuando testificó en una corte de Nueva Jersey. Antes de eso, podemos especular que nació alrededor de 1676 en Bermudas, y que emigró con su familia a Nueva Jersey cuando era pequeña. En algún momento entre 1693 y 1696, se casó con Thomas Masters, un comerciante cuáquero, y se mudaron a Pensilvania.

El nombre de Thomas fue el que tuvo que aparecer en la primera patente de Sybilla, ya que no estaba legalmente permitido que se expidieran patentes a nombre de una mujer. En esos tiempos, la mayor parte de las colonias americanas, incluyendo Pensilvania, ni siquiera emitía patentes, así que Sybilla tuvo que trasladarse hasta Inglaterra para que el rey Jorge I emitiera una a nombre de su esposo por su proceso de "Limpieza y curación del maíz indio que crece en varias colonias de América". Sybilla había inventado un cilindro de madera y una serie de pilones pesados, impulsados por un caballo o un molino de agua, que aceleraba el proceso de hacer una comida de maíz llamada arroz de la india (tuscarora), que se vendía como cura para la tuberculosis.

Sybilla pudo haber sufrido en el anonimato por su descubrimiento, pero su esposo era la onda. Aunque legalmente la patente tenía que expedirse a su nombre, se aseguró de que se estableciera que se trataba de "un nuevo invento descubierto por Sybilla, su esposa" y de que todos lo supieran, así que en mi libro, él es un feminista de primera categoría.

Cuando el arroz tuscarora no consiguió tener éxito como exportación, Sybilla recibió su segunda patente por un método de tejido de paja y palma para fabricar sombreros, bonetes, canastas, tapetes y muebles. De alguna manera, también consiguió el monopolio de hojas de palma, así que, en cuanto se expidió su patente, abrió una tienda de sombreros en Londres donde, básicamente, estaba imprimiendo dinero gracias a su proceso único de tejido.

Hasta 1793, Sibylla siguió siendo la única mujer que hubiera patentado un invento.

SYBIL LUDINGTON

1761-1839, ESTADOS UNIDOS

La patriota que se armó con un ejército

"Escuchen, niños míos, y habrán de oír la historia de la adolescente que fue más lejos que Paul Revere".

Sybil Ludington nació en 1761 y fue la mayor de 12 hijos pertenecientes a una familia de campesinos pobre, pero digna en Duchess County, Nueva York. Creció durante la Revolución americana, cuando los colonos estaban hartándose de los sinsentidos de los británicos y los británicos estaban cansándose de sus boconas inversiones de ultramar. Cuando finalmente estalló la guerra revolucionaria, el padre de Sybil, Henry Ludington, quien había comenzado a reunirse con los Hijos de la Libertad en 1773, tomó el control del ejército local.

Hay que recordar una cosa sobre los hombres que pelearon en la Revolución americana: en su mayor parte carecían de entrenamiento, pues eran hombres soldadescos con trabajos diurnos. La mayoría trabajaba sus granjas y tiendas hasta que sonaba la alarma; era entonces cuando salían los trinches y el patriotismo. No estaban muy bien organizados, entrenados o uniformados, e iban a enfrentarse contra una de las máquinas de guerra más sofisticadas del mundo: el ejército británico.

El coronel Ludington comandaba una banda de estos desgarbados jóvenes granjeros de día, soldados por pasatiempo, hombres del ejército de noche, que vivían alrededor de Nueva York. El 26 de abril de 1777, los soldados británicos entraron en Danbury, Connecticut, y empezaron a quemar hasta los cimientos. Danbury encendió la batiseñal en forma de un mensajero que fue enviado a casa del coronel Ludington, quien se presentó de noche, en medio de una tormenta, para transmitir la noticia de que Danbury estaba bajo ataque. El ejército necesitaba reunirse. El problema era que estaba desperdigado por todo Nueva York.

—No se preocupen —dijo Sybil, de 16 años—. Déjenmelo a mí.

Mientras que la mayor parte de los padres no le confiarán a sus hijos adolescentes ni siquiera las llaves de su carro, el coronel Ludington había compartido con Sybil códigos de espionaje y señales secretas para que pudiera ayudar en la resistencia. También era una jinete fantástica con un caballo al que adoraba, que se llamaba Estrella. Así que, cuando se ofreció como voluntaria, el coronel no lo dudó: envió a su hija a caballo en medio de la noche a reunir a su ejército.

La cabalgata era peligrosa. Sybil tenía que trasladarse por traicioneros terrenos boscosos en la oscuridad y la lluvia, además de evitar a los lealistas que podrían entregarla a los soldados británicos. En un punto del viaje, tuvo que pelear con un salteador de caminos que la abordó. Sybil le asestó un golpe con el mosquete que llevaba a la espalda y siguió adelante.

En el curso de la noche, Sybil cabalgó más de 60 kilómetros, de una ciudad a otra, pasando a toda prisa por las calles y gritando a decibeles inhumanos para levantar a los hombres de sus camas y ponerlos a pelear como soldados. Al amanecer, regresó a casa, empapada y exhausta; descubrió que, gracias a sus esfuerzos, se habían reunido 400 milicianos en la casa de su padre. El ejército llegó demasiado tarde para salvar Danbury, pero por Dios que le dieron guerra al ejército regular para salir.

Sybil recibió agradecimientos por sus esfuerzos en persona de dos de mis raperos favoritos de Broadway, George Washington y Alexander Hamilton.

"GRACIAS A SU OSADÍA, CASI TODO EL REGIMIENTO SE CONGREGÓ ANTE LA CASA DE SU PADRE [...] Y [...] ESTABA EN MARCHA A LA VENGANZA".

Willis Fletcher Johnson, *Colonel Henry Ludington: A Memoir*

Sybil y su amado Estrella siguieron trabajando como mensajeros durante el resto de la guerra de revolución. Ella y su hermana también protegían su casa cuando había una recompensa sobre la cabeza de su padre. Imagínate a estas muchachas cabronas rondando su casa con mosquetes. Nadie se metía con ellas.

Después de la revolución, Sybil se casó y tuvo un hijo. Ella y su esposo eran posaderos y, cuando él murió, ella administró sola el negocio. Sibyl murió a los 77 años, en la nación que ayudó a construir. Su legado vive en las estatuas que esculpió Anna Hyatt Huntington, que se localizan en Carmel, Nueva York; Washington, D. C.; Danbury, Connecticut, y Murrells Inlet, Carolina del Sur. También hay marcadores a lo largo de su ruta y un timbre conmemorativo en el que se le ve cabalgando como el murciélago del infierno que era.

Como referencia, Paul Revere solo cabalgó 19 kilómetros (y también era un plagiario, un desastre naval y un platero terrible), así que me gustaría saber dónde está el poema sobre Sybil que todos nos tenemos que aprender en la primaria.

ANNE LISTER

1791-1840, INGLATERRA

La primera lesbiana moderna

Oculta en la campiña inglesa, entre rígidas estructuras sociales de nobles terratenientes con labios superiores rígidos y reglas sobre el decoro igualmente rígidas, en un tiempo en que las hermanas Bennett se preocupaban por los bailes, surgió Anne Lister, a menudo llamada la primera lesbiana moderna.

Aunque "surgió" parece ser una palabra bastante ligera. Estalló. Pasó destrozando todo a su paso con dos puños en un mundo de hombres, dirigió sus negocios y les robó a sus esposas.

Como fuera, Anne Lister llegó.

Anne nació en 1791, en una prominente familia militar de West Yorkshire. Siendo una niña con una naturaleza pícara y marimacha en un mundo donde las mujeres jóvenes tenían que ser tímidas y recatadas, Anne fue enviada a una escuela extranjera a una temprana edad para echar un poco de agua a su espíritu de hoguera.

Sin embargo, la expulsaron enseguida del internado porque estaba teniendo relaciones con su compañera de habitación, la primera de una larga línea de amantes mujeres para la señorita Lister.

Durante su tiempo en el internado en el extranjero, y durante el curso de su vida, Anne redactó suculentos diarios, la mayoría escritos en un código que ella inventó, que era una combinación de griego, puntuación y álgebra. ¿Por qué tenía que utilizar este código? Porque estaba escribiendo abiertamente (y a menudo explícitamente) sobre su vida como una mujer homosexual sorprendentemente consciente de sí misma en los años 1800.

A lo largo de su vida, Anne escribió cuatro millones de palabras en diarios, cuyo código no se descifró sino hasta la década de 1930. Ahora se consideran la piedra rosetta del lesbianismo del siglo XIX o, como lo expresó la escritora Emma Donoghue, "los rollos del mar Muerto de la historia lésbica", uno de los recuentos más modernos y francos que existen sobre ser una mujer homosexual en el mundo occidental anterior al siglo XX.

Con su educación completada a través de una combinación de escuelas en el extranjero y cursos por correspondencia en casa, la adulta Anne se convirtió en la lady Casanova de West Yorkshire, seduciendo a las damiselas de Harrogate a Halifax y guardando poco secreto al respecto. Al ser tanto devota de su biblioteca, como una mujer homosexual en una época cerrada a esto, Anne desarrolló una versión bastante astuta de radar gay del siglo XIX. Descubría si una mujer estaba interesada en un poco de besuqueo detrás de la escuela mencionando libros con temas homosexuales y viendo cómo reaccionaban sus novias potenciales.

Imagínate, si puedes, una joven Anne deslizándose hacia una hermosa dama en una fiesta, moviendo sus pestañas y diciendo tímidamente detrás de su abanico: "Ah, me encanta esa divina escena de la *Aquileida*, cuando Aquiles se viste como mujer y baila para Patroclo… ¿a ti no?". Los libros son sexis.

Anne a menudo se vestía con ropa de hombre cuando salía a la ciudad y sus amantes, así como los escandalizados pueblerinos de West Yorkshire, la llamaban Caballero Jack. Como cualquier buen libertino del condado, tuvo una larga fila de amoríos tumultuosos, en su lugar de origen y en el continente, pero Anne buscaba algo con un poco más de compromiso. Quería una compañera. Se acercó mucho al gran amor de su vida con Marianne Belcombe, pero su romance terminó en la separación y el corazón roto cuando Marianne se casó (está bien, de hecho su encuentro fue cinco años después de su boda, pero a su esposo no le importaba). Sin embargo, antes de que sientas la desesperación de que esta es otra historia trágica de lesbianas que termina en alguien que está por siempre solo, Anne volvió a encontrar el amor con la adinerada heredera Ann Walker.

En 1834, lector, Anne se casó con ella. *Casarse* es un término flexible, ya que no había una base legal para la unión de dos mujeres en la Inglaterra georgiana. Sin embargo, Anne y Ann encontraron una capilla, unos anillos y un hombre religioso audaz dispuesto a unirlas en sagrado matrimonio a pesar de su género, lo cual para mí está suficientemente bien.

Anne no era solo una mujer homosexual en un tiempo cuando la "sodomía" era una ofensa capital. También era una hábil mujer de negocios en un momento en que muy pocas mujeres hacían negocios. A los 20 años, se volvió propietaria y administradora de la amada propiedad de su familia, Shibden Hall. Dirigió a los administradores, renovó la casa (lo que incluyó una torre para una biblioteca y un pasaje secreto, porque hay prioridades), encontró provecho de la granja y desarrolló una hullera (si tú, como yo, necesitas buscar este término en Google, déjame ayudarte: es una mina de carbón). Después, tomó el dinero que estaba obteniendo como resultado de su propiedad y lo usó para invertir en ferrocarriles, canales, propiedades, minas y canteras.

Además de su vida de negocios y de lesbianismo, a Anne le encantaba viajar, y desarrolló una pasión por el montañismo. En 1830, se convirtió en la primera mujer que ascendió al Monte Perdu en los Pirineos.

Murió de fiebre a los 49 años, mientras estaba en el extranjero con su esposa.

Las relaciones del mismo sexo se veían de manera muy diferente en los primeros años de 1800 y el concepto de sexualidad no existía. Era el tiempo de la amistad romántica, una amistad apasionada y a menudo física entre dos miembros del mismo género, y las relaciones eróticas entre mujeres a menudo no se tomaban con seriedad. Incluso, se les alentaba antes del matrimonio y muchas de las amantes de Anne fueron a la cama con ella con permiso de sus esposos, incluyendo el gran amor de su vida Marianne Belcombe. El límite se trazaba cuando una mujer empezaba a comportarse como un hombre y asumía el papel de un hombre.

Después de su muerte, los diarios de Anne se quedaron en un ático y permanecieron ahí hasta principios del siglo XX, cuando un pariente los encontró y empezó a descifrar el código. El contenido, podríamos decir, fue sorprendente, así que los metió en el archivo de Shibden. Finalmente, los descifraron y los publicaron por entero gracias a Helena Whitbread en 1988, y pueden leerse, compilados en *I Know My Own Heart: The Diaries of Anne Lister.*

CHING SHIH

1775-1844, CHINA

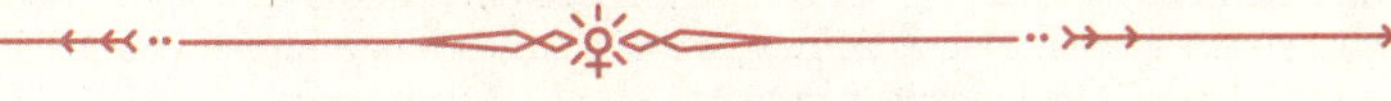

Terror de los mares del sur de China

Como muchas grandes leyendas, los orígenes de Ching Shih, que estadísticamente fue la pirata más exitosa de la historia, están envueltos en misterio. Probablemente, nació en Wang Dong, una provincia costera al sureste de China, alrededor de 1775, y trabajó en un burdel de joven. Hizo su primera aparición en la historia registrada en 1801, cuando el famoso capitán pirata Cheng I la tomó como esposa. La historia dice que ella solo estuvo de acuerdo en casarse con él después de que firmó un acuerdo prenupcial pirata, en el que le daba derecho a qudarse con la mitad de sus saqueos y dirigir todos sus asuntos náuticos.

Varios años después, cuando Cheng I se perdió en un tsunami y volvió a salir a la playa en pedazos, dejó atrás una flota sustancial y una reputación sangrienta. Entonces, su viuda, Ching Shih, decidió hacer la única cosa sensata que podía: ser mejor en la piratería que él.

Ching asumió la flota de su esposo, utilizó una bandera roja como símbolo y unificó a los capitanes que se habían separado con el siguiente grito audaz: "¡Bajo el liderazgo de un hombre todos eligieron huir. Ya veremos cómo demuestran ser bajo la mano de una mujer!". Fue bastante efectivo.

Todos los capitanes que habían abandonado a medias sus deberes como líderes de flota volvieron corriendo a ella.

La primera necesidad del negocio de Ching fue expedir un código pirata para asegurarse de que cualquier canalla que no estaba dispuesto a navegar bajo el mandato de una mujer se comportara o se fuera. El hombre que navegara bajo la bandera roja se adhería a sus estrictas reglas, que incluían:

Regla 1: Si cualquiera de sus hombres violaba a una mujer cautiva, podía estar seguro de que lo iban a decapitar posteriormente.

Regla 2: El sexo de cualquier variedad hace que te arrojen al océano. Ching sabía que la frustración sexual que se iba construyendo a lo largo de semanas de estar sobre la inmensidad de un océano vacío hacía que los hombres fueran magníficos para los saqueos salvajes.

Regla 3: ¿Robar del cofre de la tripulación? Ching te va a cortar la cabeza y va a tirar tu cuerpo sin vida al mar impío.

Regla 4: ¿Desertas a tu puesto? Te cortan las orejas.

Regla 5: ¿Actuar antes de que el capitán dé órdenes? Despídete de tu cabeza rápidamente.

Ching Shih no estaba bromeando con el código pirata. ¿Entendido?

Con la flota unida bajo su código y su bandera, teñida de rojo con la sangre de cualquier subordinado insubordinado, Ching y sus hombres avanzaron por la costa china pillando, saqueando y siendo el flagelo general de cualquier barco lo suficientemente estúpido para entrar en el rango de sus armas. Dentro de unos pocos años, Ching había triplicado el tamaño de la flota original de su esposo, e incluso había conseguido unir a varios de los antiguos enemigos de su esposo bajo su lema. Entonces, los gobernaba a todos.

En el punto más álgido de su reino pirata, Ching Shih fue conocida como "el terror de los mares del sur de China". Comandaba 80 mil marinos a bordo de casi 2 mil naves, estadísticas que le ganan por mucho a Barbanegra y Francis Drake.

"BAJO EL LIDERAZGO DE UN HOMBRE TODOS ELIGIERON HUIR. YA VEREMOS CÓMO DEMUESTRAN SER BAJO LA MANO DE UNA MUJER".

Por obvias razones, sobre todo terror de los piratas, el emperador chino no era admirador de Ching y de su flota de la bandera roja, como se les llamaba, así que lanzaron una campaña para derrotarla.

No salió bien... para el emperador.

En lugar de huir del ejército naval, Ching se enfrentaba de frente y estallaba sus naves hasta hacerlas astillas. Capturó 63 naves y convenció a la mayor parte de los marinos del emperador a que se unieran a ella. Su furia pirata era tan legendariamente terrible que el almirante del ejército chino se suicidó para no ser capturado por ella.

La marina portuguesa también trató de atraparla. Fracasó.

La marina británica hizo su intento. Fracasó, un fracaso tremendo.

Ching Shih era casi inalcanzable.

Después de años de intentarlo, el ejército naval chino finalmente se cansó de que les dieran una paliza y le ofreció la amnistía a Ching. Ella levó su ancla y se retiró como una jefa: pasó el resto de sus días dirigiendo un burdel/casino en la provincia china y, probablemente, descansando rodeada de pilas de tesoros.

Durante la era dorada de la piratería, los corsarios de oriente no tenían el mismo estigma contra que las mujeres estuvieran a bordo de una nave como en occidente, ni la superstición de que una mujer a bordo era mala suerte para un barco. Ching Shih fue una de muchas mujeres que navegaron, aunque es uno de los casos mejor documentados de lo activas que podían ser estas mujeres en asuntos piratas.

MARY ANNING

1799-1847, INGLATERRA

La coleccionista de fósiles que transformó la paleontología

La vida de Mary Anning comenzó con un rayo.

Una amiga de la familia estaba cargando a Mary de bebé cuando empezó a formarse una tormenta eléctrica. Antes de que pudiera encontrar refugio, un rayo cayó sobre la mujer y la mató. Sin embargo, la pequeña indestructible Mary sobrevivió en la primera de muchas aventuras cercanas a la muerte que poblarían su infancia.

Mary creció en una ciudad llamada Lyme Regis, al sur de Inglaterra, famosa por los fósiles que podían encontrarse en los acantilados circundantes. Después de los derrumbes, Mary y sus nueve hermanos reunían fósiles en el riesgoso paisaje para vendérselos a los turistas. Era una tarea mortal totalmente normal para que la hiciera un niño.

Resulta que Mary era bastante buena para la recolección e identificación de fósiles.

Cuando tenía 12 años, ella y su hermano encontraron algo maravilloso: el primer esqueleto completo de ictiosaurio correctamente identificado.

Mary le vendió el esqueleto de ictiosaurio a un coleccionista y este terminó en el Museo de Historia Natural de Londres. Recuerden: tenía 12 años. El descubrimiento desafió la manera como la gente veía la historia de la Tierra porque, en ese entonces, todos creían en la Biblia y no en los dinosaurios. El descubrimiento de Mary también fue una pieza clave entre las pruebas para respaldar el argumento de la extinción, que entonces era un concepto nuevo.

¿Mencioné que tenía 12 años?

El descubrimiento del esqueleto de ictiosaurio hizo famosa a Mary, lanzó su carrera como cazadora de fósiles internacionalmente conocida y dio inicio a su amor de toda la vida con los dinosaurios. A los 20 años, Mary descubrió otro esqueleto completo, esta vez de un plesiosaurio. Una vez más fue el primero de su especie que se encontró.

La comunidad científica perdió la cabeza. Sin embargo, los hombres que escribieron y publicaron un artículo sobre el descubrimiento del plesiosaurio nunca le dieron a Mary ningún crédito por haber descubierto o preparado el esqueleto.

Mary encontró tres esqueletos más de plesiosaurio y lo mismo ocurrió CADA MALDITA VEZ: no se le dio crédito alguno a la mujer que hizo el trabajo de campo.

Mary fue una experta en fósiles autodidacta. Era buena para encontrarlos y reunirlos en los acantilados peligrosos que había alrededor de Lyme Regis; incluso podía identificar el periodo del que provenía un fósil a

simple vista. Su principal colaboradora era su mejor amiga, artista y coleccionista de fósiles Elizabeth Philpot. Eran la pandilla de chicas dinosaurio de Lyme Regis. A los 27 años, abrió su propia tienda de fósiles y se compró una casa.

El coleccionismo de fósiles de Mary la convirtió en una especie de celebridad internacional. Personas de todo el mundo llegaban a Lyme Regis para comprarle fósiles. Los científicos la visitaban para que los apoyara en sus investigaciones. El rey de Sajonia, incluso, visitó Dorset porque quería conocerla.

Sin embargo, como el sexismo es una chingadera, Mary no recibió crédito por la mayor parte de sus hallazgos, ni se le admitió en ninguna sociedad científica ni publicó nada. Su única obra publicada fue una carta al editor de *Anales y Revista de Historia Natural*, en la que les indicaba que tenían datos incorrectos.

A pesar del sexismo que tuvo que tolerar, Mary fue una de las primeras mujeres que fueron miembro honorario de la Sociedad Geológica de Londres. Muchos científicos la reconocieron como una experta en fósiles y a menudo se le buscó para obtener consejos sobre su anatomía y clasificación.

"LA HIJA DE CARPENTER SE HIZO UN HOMBRE POR SÍ MISMA Y MERECÍA GANÁRSELO".

Charles Dickens sobre Mary Anning

Mary murió de cáncer de mama en 1847. Después de su muerte, Charles Dickens escribió sobre ella: "La hija de Carpenter se hizo un hombre por sí misma y merecía ganárselo".

Sin embargo, su legado se inmortalizó verdaderamente quizá en el más alto honor que puede recibir un ser humano: el trabalenguas "she sells seashells by the seashore" ("ella vende conchas de mar por la orilla del mar") se trata de ella.

Sus fósiles aún pueden verse en museos de todo el mundo.

MARY SEACOLE

1805-1881, CRIMEA

La enfermera jamaiquina del campo de batalla de Crimea

Es posible que todo lo que sepas sobre la Guerra de Crimea pueda resumirse en dos palabras: Florence Nightingale.

No te sientas mal, ella es lo único que la mayor parte de la gente sabe sobre la Guerra de Crimea. Hasta recientemente era todo lo que yo sabía, y Florence Nightingale fue una chica ruda del pasado y la medicina, con toda seguridad.

Sin embargo, en sus tiempos, su reputación por sus milagros médicos y suministros tuvo como rival a una mujer birracial de cincuenta y tantos años, que había fundado y era propietaria de un hospital en un campo de batalla: se llamaba Mary Seacole.

Mary nació en Kingston, Jamaica, en 1805, hija de un soldado escocés y una madre jamaiquina. Como era de raza mixta, pudo evitar la esclavitud, pero siguieron negándole muchos de los derechos humanos básicos que tenía la gente blanca, como el derecho al voto, el derecho a tener un cargo público y cierto tipo de trabajos.

Después de un breve matrimonio, Mary enviudó, pero decidió que más que otro esposo lo que quería era un pasaporte lleno de sellos. Viajó por todo el Caribe: Cuba, Haití y las Bahamas, así como por Centroamérica (descansó durante algunos años en Panamá, donde puso una tienda en la que vendía suministros para los hombres que iban a buscar oro al oeste de Estados Unidos); posteriormente, se dirigió a Inglaterra. En el camino, obtuvo una formación médica europea, que suplementó los conocimientos de medicina tradicional caribeña que su madre le había enseñado. Para el tiempo de la Guerra de Crimea, que estalló en 1853, era una doctora con plenas credenciales y ya había combatido el cólera mientras trabajaba como enfermera en Jamaica.

Inglaterra reportaba carencia de suministros en los frentes, crisis de cuidado de enfermería para los soldados de la Guerra de Crimea, además de que las cosas en general no estaban marchando bien, y Mary quería hacer algo al respecto. Sin embargo, cuando ofreció en Inglaterra sus servicios como enfermera en el campo de batalla, la rechazaron. No tenía experiencia en hospitales, técnicamente nunca había llenado una solicitud de trabajo y había sobrepasado la edad común de las enfermeras. El hecho de que fuera negra también pudo ser un factor, pero nadie lo mencionó en voz alta.

Afortunadamente, tenía una determinación de acero para hacer el bien y un poco de dinero para gastar. No solo pagó su propio viaje a Crimea, sino que, una vez ahí, estableció un hotel británico que servía como "comedor y habitación cómoda para oficiales enfermos y convalecientes", en una zona que llamó Spring Hill (actualmente Ucrania).

Al principio, en realidad no era un hotel; tan solo era un edificio. Era más bien una choza. Sin embargo, entre tratar a los enfermos y batir manduca para los soldados, Mary reunió metal y madera abandonados para construir su hotel.

Una vez que abrió, Mary metió la nariz en los platos de todos los que entraban en su establecimiento: tanto los platos metafóricos, como los platos literales. Cocinaba. Supervisaba a los heridos. Ordenaba suministros y se los vendía o regalaba a los soldados. Visitaba el campo de batalla, a menudo bajo fuego, para atender a los heridos y volverse conocida como Madre Seacole. Soportó el prejuicio de los doctores militares que la llamaban charlatana, porque su formación médica era caribeña y porque era mujer. Su reputación competía con la de Florence Nightingale, que era conocida como la Dama de la Lámpara. Mary Seacole era llamada la Criolla de la Taza de Té.

Asistía a los heridos en los hospitales militares y era un personaje familiar en los puntos de transferencia para heridos del frente. Se valoraban particularmente sus remedios para la cólera y la disentería.

"HE ATESTIGUADO SU DEVOCIÓN Y SU VALOR [...] Y ESPERO QUE INGLATERRA JAMÁS OLVIDE A QUIEN HA CUIDADO DE SUS ENFERMOS, QUIEN HA BUSCADO AYUDA Y SEGURIDAD PARA SUS HERIDOS Y QUIEN REALIZÓ LOS ÚLTIMOS OFICIOS PARA ALGUNOS DE SUS MUERTOS ILUSTRES".

William Howard Russell

Al final de la guerra, regresó a Inglaterra y se declaró en bancarrota, pues se había gastado cada céntimo que tenía en brindar apoyo a los demás en el frente de Crimea. Sus amigos, incluyendo a la reina Victoria, la ayudaron a recaudar dinero para publicar su autobiografía, *Wonderful Adventures of Mrs. Seacole in Many Lands*, que se convirtió en un *best seller* y que volvió a poner de pie a Mary. Fue una de las primeras memorias de viaje que publicó una mujer negra.

Mary murió de un infarto en 1881.

En 2004, Mary Seacole obtuvo el título de máxima británica negra. Con toda seguridad habría sido contendiente por el mismo título sin el modificador racial.

Un vistazo a la Guerra de Crimea: entre 1853 y 1856, Rusia, Cerdeña, Bretaña, Francia y la Turquía otomana pelearon en la península de Crimea por muchas razones, pero, en pocas palabras, Rusia estaba avanzando a golpes hacia Turquía y todos se sentían infelices al respecto, también porque, desde luego, la religión estaba involucrada.

Hay cierta especulación y recuentos de la época sobre que Mary y Florence se odiaaaaaban una a la otra. Sin embargo, de acuerdo con ambas, sus estilos eran diferentes, pero su relación era cordial. Además, yo preferiría no perpetuar la narración de odio de una mujer contra otra, así que si ellas dicen que estaban bien, yo creo que estaban bien.

FRIEDERIKE MARM MANDELBAUM

1818-1894, ESTADOS UNIDOS

La reina de los ladrones de Nueva York

La reina de los ladrones de Nueva York nació en Alemania, de padres judíos, con el nombre de Friederike Weisne, alrededor de 1818.

Eso es básicamente todo lo que sabemos de su vida temprana.

Sigamos adelante.

Friederike se casó con Wolfe Mandelbaum y juntos emigraron a Estados Unidos en 1850, porque no hay gatos en América y las calles de queso son. Los Mandelbaum empezaron su vida en Nueva York como negociantes: compraron una tienda de artículos deshidratados para vender cosas normales deshidratadas.

Pero ¿sabes qué es más rentable que vender productos deshidratados?

El crimen.

El crimen da resultados, paga bien.

Después de que las ventas de distribución callejera la conectaran con los rufianes y sinvergüenzas que dirigían la distopía dickensiana que eran las calles de la edad de oro de Nueva York, Friederike decidió usar su tienda de productos deshidratados como el frente de una operación de tráfico de artículos robados.

No era tráfico en el sentido de transportación ni tiene nada que ver con vehículos. El tráfico es comprar bienes de procedencia ilícita a los criminales y luego volver a venderlos con una enorme ganancia.

Su esposo, a pesar de tener posesión del nombre increíblemente cabrón Wolfe, básicamente era cereal remojado moldeado en una forma humana. Un conocido lo describió como "de escasa voluntad [y] flojo", así que estaba perfectamente a gusto con la versión equivalente del siglo XIX de tomar cerveza y ver el futbol mientras Friederike construía su imperio delictuoso.

Ser una jefa del crimen requiere muchas cosas esenciales: inteligencia, agallas y, sobre todo, relaciones con ladrones, estafadores y toda la variedad de villanos viles que van a mantener tu tienda abastecida con posesiones robadas. También necesitas de tu parte una red de corrupción de hombres de la ley. Así, con el conocimiento del poder del todopoderoso dólar, Friederike pagó sobornos a montones de políticos, policías y jueces de Nueva York, lo que le permitió hacer lo que quisiera.

Hacia 1864, la empresa criminal de Friederike era tan exitosa que iba a necesitar un barco más grande. Compró un edificio en las calles Clinton y Rivington,

instaló una "mercería" en el primer piso y construyó una vivienda extravagante para ella misma y Wolfe en el segundo piso. Durante décadas, esa mercería enmascaró como un frente respetable la operación de tráfico de productos más grande de la historia de Estados Unidos, donde Friederike compraba y revendía artículos robados, desde joyería y muebles hasta manadas de cabras.

"EL NÚCLEO Y EL CENTRO DE TODA LA ORGANIZACIÓN DEL CRIMEN EN NUEVA YORK".

Friederike estuvo satisfecha por un tiempo, hasta que ya no lo estuvo. Sin embargo, solo puedes ver *Hamilton* desde la primera fila algunas veces, antes de que quieras empezar a convertir el dinero en más dinero. Entonces, Friederike empezó a invertir en ladrones, estafadores y todo tipo de sinvergüenzas.

Con algunos dólares bien acomodados y algunos secuaces con buenas conexiones, Friederike se convirtió en financiadora y planeadora de algunos de los robos más grandes de la historia de Nueva York, incluyendo el robo al Banco de Ahorros de Manhattan, que tuvo como resultado lo que hoy equivaldría a 75 millones de dólares.

Friederike era una dama a la que uno quería de su lado. Siempre que atrapaban a un miembro de su pandilla en un robo, ella llegaba con la fianza, los abogados y/o los sobornos necesarios para liberarlos. En alguna ocasión, Marm organizó la fuga de su intérprete de piano favorito de una prisión, porque extrañaba sus melodías perturbadoras y sus explosiones salvajes. Su rampante séquito de sinvergüenzas la llamaba Marm y ella les llamaba "pollitos". "Me llaman Marm porque les doy dinero, caballos y diamantes", dijo, que son las cosas esenciales que yo también espero que me dé mi madre.

Cuando no hacía tráfico, hurtos financieros y liberaba criminales de la cárcel, Marm era conocida por las cenas exclusivas que hacía. "¡Hay fiesta en casa de Marm!" se convirtió en una de las invitaciones más codiciadas de la ciudad, donde los criminales más celebres de la ciudad se mezclaban con la élite de moda en Nueva York.

Sin embargo, a pesar de su fantástico éxito como la reina de los ladrones, a Marm no le gustaba ensuciarse las manos. Después de todo, en el fondo era una mujer de negocios y ¿no sería agradable tener una pandilla de criminales que hicieran el trabajo sucio y que después te debieran la alianza imperecedera como resultado de mantenerlos?

Por eso, Marm fundó la escuela Mandlebaum para jóvenes talentosos, un instituto conocido por pulir a los niños callejeros y convertirlos en criminales maestros. Aunque ninguno de los inscritos se transfirió alguna vez a alguna universidad acreditada, los jóvenes estafadores que sacaba de la calle y reclutaba empezaron por dominar el hurto de carteras y pequeños robos. Si pasabas esas clases, podías hacer la maestría y graduarte en estafa, apertura de cajas de seguridad o chantaje, con un título en robo.

La gran escuela callejera de Marm (como se le conoce) se convirtió en el centro de entrenamiento más exitoso para aspirantes a criminales en la ciudad. Entre los felones que Marm procuró, sentía inclinación por ayudar a las mujeres para que no "desperdiciaran su vida como amas de casa". Es posible que "criminal" no fuera la casilla que uno encuentra típicamente el día que elige una carrera, pero es mejor que el trabajo demoledor de los molinos infernales a los que se confinaban muchas mujeres debido a su género y situación socioeconómica.

El Hogwarts de Marm para sinvergüenzas cerró en 1876, después de que el hijo de un policía entrara para ir de soplón, pero sus empresas continuaron floreciendo. Eventualmente, tuvo tanta mercancía robada para vender que necesitó comprar dos bodegas para conservarla.

Sin embargo, como atestiguaría Marm, el oro no dura, y en 1884, la agencia de detectives Pinkerton azotó con el puño de la justicia su reino criminal. Le vendieron rollos de seda marcada y después, cuando ella los volvió a vender, gritaron: "¡ajá!", se quitaron los bigotes falsos y la aprehendieron. No te preocupes; cuando llegaron con el acta de detención oficial, Marm golpeó a uno de los detectives en la cara.

Como debieron haberles avisado, la prisión normal no contendría a alguien como Marm Mandlebaum. Pagó la fianza con más de un millón de diamantes robados y se estableció en Ontario. Marm vivió el resto de su vida en la comodidad de Canadá, mostrándole el dedo de en medio al largo brazo de la ley de estadounidense desde la distancia, y murió en 1894.

Quizá en el tributo más grande a la reina de los ladrones, muchos dolientes reportaron que les habían robado la cartera en el funeral de Marm.

Descanse en paz, Madame.

La protegida de Marm de su gran escuela callejera, Sophie Lyons, también conocida como la Princesa de los Ladrones, podría haber tenido su propia entrada en este libro. Bajo la tutela de Marm, se convirtió en una de las estafadoras más exitosas de Nueva York en su tiempo. Su movimiento característico era acechar a los hombres para que entraran en un cuarto de hotel, los desvestía, les robaba la ropa y los extorsionaba para que le dieran dinero. Cuando la atraparon, Sophie salió del arresto diciendo que la verdadera Sophie Lyons sería demasiado inteligente como para que la hubieran atrapado, y funcionó. Finalmente, se retiró de la vida criminal y se involucró en la rehabilitación de delincuentes juveniles. Su autobiografía, que mordazmente renegaba de la tutela de Marm, se llamó *Why Crime Does Not Pay*.

LAKSHMIBAI, LA RANÍ DE JHANSI

¿1828?-1858, INDIA

La mamá que peleó contra el colonialismo

La historia de Lakshmibai, la raní de Jhansi, comienza con una mezcla entre *Cenicienta* y *The Bachelor*.

A los 7 o 13 años (hay un poco de debate sobre la fecha de su nacimiento), Lakshmibai fue contendiente en lo que básicamente era el equivalente en la India del siglo XIX de un *reality show* sobre encontrar el amor. Cuando el maharajá de Jhansi (una provincia de la India), Gangadhar Rao Newalkar, buscó una esposa entre las mujeres más bellas de su reino, Lakshmibai obtuvo la rosa final, se casó con el maharajá Gangadhar Rao y se convirtió en raní (un título hindú para una reina) de Jhansi. Tuvieron un hijo y un matrimonio feliz, en general.

Hasta que (siempre hay un "hasta que") su hijo murió en la infancia y Rao se enfermó. Como la mayor parte de los reyes, se sentía inseguro con el prospecto de morir sin un heredero, así que eligió un hijo al azar para adoptarlo y nombrarlo el siguiente gobernador de Jhansi.

Después estiró la pata, dejando a su reina y a su hijo adoptivo para gobernar.

Sin embargo (siempre hay un "sin embargo"), la Compañía Británica de las Indias Orientales, agresivamente colonialista y compuesta por los imbéciles que gobernaban la India en esos tiempos, se negó a reconocer a este hijo adoptivo como heredero legítimo. Sin un gobernante legítimo, Jhansi se anexionó, su ejército y su corte real se disolvieron, mientras que los oficiales británicos corruptos se instalaron y prohibieron los rituales hindúes.

(La Compañía de las Indias Orientales apestaba).

Lakshmibai, constante defensora de su pueblo, decidió llevar a los británicos a la corte sobre el derecho de su hijo a gobernar.

Sin embargo, la diplomacia no la llevó a ninguna parte, porque la Compañía de las Indias Orientales —imbéciles colonialistas— eran los que escribían las reglas y después las reescribían conforme necesitaban joder a la India.

Entonces, cuando la diplomacia falló, Lakshmibai eligió una táctica diferente: las negociaciones agresivas.

De veintitantos, Lakshmibai declaró una revuelta abierta, atacó el fuerte británico de Jhansi, recapturó la ciudad y masacró a los invasores británicos. Las fuentes no son totalmente claras sobre su involucramiento directo en la masacre, pero

se acordó universalmente que aquí es donde se transformó de reina madre a Reina Rebelde completamente cabrona que le parte la cara a los británicos para sacarlos de la India a patadas en el trasero.

Lakshmibai hizo gran parte del planeamiento de la Revolución india, construyó cañones y una casa de moneda, y creó una infraestructura política de apoyo. Entrenó a las mujeres para que pelearan, cabalgaran (a lomo de elefante) y dispararan. De sus entrenamientos, Lakshmibai reunió una guardia de seguridad personal de mujeres de mandíbulas de acero que solo necesitaban de un gesto con la cabeza para convertirse en salvajes cortadoras humanas de madera. Las mujeres que no peleaban reparaban los muros de la ciudad en secreto, bajo su dirección.

La misma Lakshmibai peleó para evitar la invasión de Jhansi, tanto de los señores regionales rivales, como de los antes mencionados imbéciles británicos. Y por pelear, quiero decir que entró a la batalla con su hijo amarrado a la espalda, una espada en cada mano y las riendas del caballo entre los dientes.

Eso es tan *hardcore*... que no se me ocurre algo más.

Sin embargo, Lakshmibai también fue una gran gobernadora, con un corazón lleno de compasión por los afligidos. Exentó que los pobres pagaran impuestos y vendió su joyería para pagarles a sus soldados y darles más comida. Todo eso mientras era una madre soltera para su hijo adoptivo.

Los británicos empezaban a sentir pánico porque no esperaban que la India respondiera el ataque. Lanzaron una invasión a toda escala de Jhansi, llevando unos mil hombres y cañones a la frontera con un plan para borrar el estado del mapa.

A pesar de que estaba encañonada por el imperio más poderoso del mundo, Lakshmibai y su ejército sostuvieron durante dos semanas la masacre británica, tiempo suficiente para que llegaran 20 mil soldados de las provincias rebeldes cercanas y atacaran el flanco del ejército británico.

Pero no te emociones mucho, porque el ejército rebelde apestaba. Lo guiaban unos tontos que inmediatamente perdieron todo el terreno que Lakshmibai había ganado.

Lakshmibai se vio obligada a abandonar Jhansi, pero lo hizo de la misma manera como había peleado por la tierra: a caballo, con el hijo amarrado a la espalda.

Lakshmibai siguió su ataque desde lejos mientras los británicos asolaban su amado Jhansi y murió en batalla unos meses después. Su última petición fue que sus pertenencias se vendieran para pagarles a sus soldados y para el cuidado de su hijo.

Actualmente, Lakshmibai es un ícono de la primera guerra de independencia de la India y usualmente se le representa montando hacia la batalla con su hijo amarrado a la espalda. Porque, en serio, ¿por qué querría uno representarla de cualquier otra manera?

MARY FIELDS, LA DILIGENCIA

1832-1914, ESTADOS UNIDOS

La bribona pistolera de nervios de acero con un corazón de oro

El oeste de Estados Unidos en el siglo XIX no era el de los mitos de "Ve al oeste, joven": con grandes cielos, praderas abiertas, donde los hombres son hombres y usan sombreros de 10 galones con los que todos estamos familiarizados. Era una tierra de nadie posapocalíptica, sin ley, que habría puesto a Mad Max de rodillas.

No había reglas y no había piedad.

Habría sido necesario ser una mujer cabrona, mastodonte, como un camión de 10 toneladas para sobrevivir.

Como Mary Fields.

Mary Fields nació en Tennessee. Fue esclava hasta los treinta y tantos, porque la historia de Estados Unidos es lo peor. Le perdemos la pista a Mary hasta que aparece después de la emancipación, en Cascade, Montana, con un rifle de doble barril, un corazón de oro y una determinación de acero para causar problemas.

Naturalmente, la colérica Mary fue a trabajar para unas monjas.

Las monjas ursulinas de la Misión de San Pedro en Cascade necesitaban a alguien que les cargara cosas pesadas en sus instalaciones de la frontera, y Mary, quien medía 1.82 y cargaba 90 kilos, era la candidata perfecta para este tipo de "trabajo de hombres". Mary acarreaba cargamento y suministros, cortaba madera, hacía trabajo en piedra y carpintería, cavaba los agujeros necesarios y hacía varios encargos para las hermanas a lo largo de la frontera despiadada y sin ley.

Lo bueno es que Mary era una bola concentrada de "no te metas conmigo" y "te voy a desgraciar" a partes iguales, tan compacta que el miedo no podía entrar por ninguna parte. Peleó contra lobos, bandidos y osos para llevarles la papa a las monjas.

Cuando Mary no estaba quebrando el cráneo de los lobos feroces con la culata de su revólver, podía encontrársele construyendo escuelas para las niñas de la tribu de los pies negros o, en el extremo opuesto del espectro, en la cantina. Las mujeres que no eran prostitutas no podían entrar a las cantinas, pero Mary consiguió con trampas un permiso especial del alcalde para que le sirvieran en cualquier bar, en cualquier momento. A pesar de ser empleada de las monjas, a Mary le encantaban el alcohol y los puros, así que usualmente se le podía ver con una pistola amarrada abajo del mandil y una jarra de whisky a un lado.

Uno no podía meterse con Mary. Una vez le aplastó la cabeza a un tipo por haberle dicho un insulto racial. El periódico local decía que Mary había "roto más narices que ninguna otra persona en Montana", y nadie debatió siquiera la declaración. Cuando un albañil, todo deprimido y emo, se anduvo quejando por el pueblo de que una mujer negra ganaba más dinero que él, Mary sacó su revólver de seis balas, lo desafió a un duelo y le disparó en el trasero.

Literalmente.

Como la Biblia tiene cosas bastante específicas qué decir sobre la violencia de esa naturaleza, las hermanas ursulinas mandaron a Mary a empacar.

Sin embargo, Mary no se inmutó. Siguió adelante a su siguiente carrera: ¡restaurantera!

Duró poco tiempo.

Los dos restaurantes que abrió fracasaron porque regalaba demasiadas comidas a quienes las necesitaban.

Entonces, como carrera número tres, en 1895, Mary solicitó un trabajo en el Servicio Postal de Estados Unidos para transportar correo a lo largo del territorio de Montana. En ese momento, tenía 60 años y de cualquier modo la armó a lo grande en la entrevista de trabajo, que consistía en agarrar seis caballos a una diligencia. Quemó a los demás solicitantes (todos eran tipos de la mitad de su edad) y se convirtió en la segunda mujer y la primera persona negra que trabajó para la Oficina Postal de Estados Unidos.

Durante los siguientes seis años, Mary venció tormentas de nieve, olas de calor, lluvias torrenciales y vientos clamorosos para hacer llegar el correo. Si la nieve era demasiado alta, Mary dejaba amarrados a los caballos y caminaba por la nieve aun cuando le llegara a la cintura para entregar el correo en medio de la puta nada en Montana.

A pesar de la tierra de nadie sin ley que era su territorio, Mary y su diligencia (además de, según algunas historias, un águila de mascota) nunca faltaron ni un solo día a trabajar, nunca fallaron en la entrega de una carta y no llegaron tarde ni una vez.

Mary dejó el negocio del correo en 1901; se pasó su retiro administrando un servicio de lavandería y repartiendo justicia con sus puños de *bulldozer* a cualquiera que se atreviera a molestarla (una historia cuenta que a los 72 le aplanó la nariz a un hombre que no había pagado su cuenta de dos dólares y después le dijo que ya no se preocupara por pagar porque la satisfacción que había obtenido al dejarlo tirado de espaldas había sido mucho más intensa de la que habría conseguido con sus dos dólares). También se pasaba el tiempo cuidando niños y yendo a juegos de beisbol, porque una chica tiene que tener pasatiempos. Les daba flores de su jardín a los jugadores del equipo local y azotes de lengua de obscenidades a los árbitros que marcaban en contra de sus muchachos.

A pesar de su exterior tosco, el pueblo de Cascade adoraba a Mary. Cuando su casa se quemó, todo el pueblo se dedicó a construirle una nueva en una escena que sin duda alguna salió directo de *La pequeña casa en la pradera*. El alcalde incluso quería que su cumpleaños quedara marcado como un día festivo en todo el pueblo, hasta que se dieron cuenta de que no sabían cuándo era su cumpleaños. Mary tampoco sabía, así que cada año les decía un día diferente. Por lo general, dos veces al año, solo para que todo el mundo tuviera un día libre. Nadie se quejaba.

Mary murió a los 82, ni de un ataque de un lobo ni de una entrega de correo a temperaturas bajo cero, sino de insuficiencia renal.

Fue el whisky lo que la alcanzó.

ISABELLA STEWART GARDNER

1840-1924, ESTADOS UNIDOS

Santa patrona de las artes

En medio de Boston, hay un palacio veneciano cubierto del suelo al techo con un conjunto excéntrico de arte y artefactos que no se han movido en cien años. Lo construyó y formó la colección una mujer diminuta, un huracán pelirrojo, llamado Isabella Stewart Gardner, la escandalosa reina de la sociedad de Boston del siglo XIX y patrona de las artes.

Isabella Stewart nació en 1840, en una acaudalada familia de Nueva York. Después de recibir una buena educación en modales victorianos en París, conoció y se casó con un caballero de una vieja familia adinerada de Boston, llamado John (o, como le llamaban sus amigos, Jack) Lowell Gardner.

En 1865, el hijo de dos años de Isabella y Jack murió, y ella sufrió una depresión intensa. Como esto ocurría en los tiempos en que viajar era un tratamiento legítimo para los males inexplicables de la salud mental, su doctor le sugirió a Jack que llevara a su esposa al continente para curarla de su melancolía.

Entonces, Isabella y Jack se fueron de gira por Europa al estilo extravagante de las personas adineradas.

Ahí, Isabella se enamoró... de Europa, los viajes y el arte.

Mientras que estuvo en Europa, Isabella empezó a comprar cosas. No hay realmente otra palabra para describir esos objetos además de "cosas": arte, artefactos, muebles, tapices, estatuas, joyería, cerámica... ¡TODAS LAS COSAS! Después de la primera temporada por Europa, la pareja viajó al extranjero casi 12 veces. Fueron a Rusia, Turquía y el Medio Oriente, así como a lo largo de América. El destino favorito de Isabella era Venecia. A todas partes a donde iban, ella compraba cosas y más cosas. Libros y papeles, arte, artículos evangélicos, Rembrandts, Botticellis, Rafaelos, instrumentos, artefactos, antigüedades chinas y egipcias. En realidad, la única cosa que tenían en común los objetos que compraba en sus furias de compras internacionales era que a Isabella le gustaban.

Cuando Jack murió, Isabella decidió tomar la considerable fortuna que le había dejado su esposo para construir una casa en la zona de Fenway de Boston. Sin embargo, Isabella no era cualquier dama, así que no fue una casa cualquiera: diseñó y vigiló la construcción de un museo al estilo italiano, para albergar su vasta colección de arte, donde el público pudiera disfrutarla.

Isabella se involucró de manera obsesiva en la construcción de su museo. Instaló su enorme colección pieza por pieza. Eligió el papel tapiz y la mampostería. Cuando los pintores no hacían el estuco de manera correcta, Isabella se subía a los andamios y les mostraba cómo quería que lo hicieran.

En todas las cosas, Isabella fue una jefa que hacía lo que quería. Fumaba cigarros. El periódico afirmó que llevó leones del zoológico a pasear en el parque. Conmocionó a la sociedad de Boston cuando asistió a una sinfonía usando una cinta en la cabeza y diciendo "¡Ay, vamos, zorros rojos!". Invitó al equipo de futbol de Harvard a su casa después de que vencieron a Yale. A Isabella le encantaba el futbol, y organizaba encuentros de box en su casa. Mientras los hombres peleaban, ella bailaba. La prensa estaba horrorizada y fascinada con ella, mientras que a Isabella le encantaba su reputación escandalosa. Su lema era: "No arruines una buena historia contando la verdad".

Isabella no era solo una coleccionista de arte; también coleccionaba hombres (en una manera completamente no sexual). Todos querían estar en su círculo. Era la guardiana de la alta sociedad, el eje de la sociedad de finales de siglo en Estados Unidos. Conocía a todos —artistas, poetas, políticos, pintores, básicamente a cualquiera que fuera alguien o que algún día pudiera ser alguien— y mantenía un círculo cercano de hombres artistas a su alrededor, incluyendo a John Singer Sargent, James McNeill Whistler y Henry James. Aunque a la gente le gustaban las habladurías, estas relaciones eran puramente intelectuales, hasta donde nosotros sabemos, aunque Isabella quemó todas sus cartas antes de morir. Los archivos de su museo contienen más de siete mil cartas de mil interlocutores como testamento de su naturaleza de mariposa social. Henry James, un miembro de su famoso harem de hombres, dijo que Isabella "no es una mujer, es una locomotora amarrada a un camión pullman".

El museo de Isabella se convirtió en un espacio comunitario para los artistas, los músicos y los ciudadanos de Boston de todo tipo, para que disfrutaran el arte de todo el mundo, en un tiempo cuando aquellas cosas no eran tan accesibles como lo son actualmente. En la década de 1800, el arte era principalmente para el placer de los adinerados: ella usó su dinero para que fuera accesible para todos. Cuando Isabella murió, dejó su dinero a un grupo de instituciones de caridad, incluyendo un fondo que ella dejó aparte para mantener el museo abierto. ¿La única condición? En su museo nada podía moverse o cambiarse de como Isabella lo había expuesto. El museo sigue abierto, uno puede aún visitar la colección encantadoramente exhibida en el palacio veneciano en Boston.

Y si tu nombre es Isabella, siempre puedes entrar gratis.

Cuando caminas a lo largo del museo, la última pintura que está colgada en la habitación gótica es un retrato casi de tamaño natural de Isabella, pintado por su amigo John Singer Sargent, al estilo de su pintura escandalosamente fabulosa Madame X, que básicamente quebró el mundo del arte cuando se develó. De inmediato, Isabella le pidió a Sargent que le diera el mismo tratamiento que a Madame X. La obra terminada lanzó a la sociedad de Boston a sus sillones de un desmayo. Jack estaba tan mortificado que le pidió a su esposa que nunca lo exhibiera. Ella estuvo de acuerdo, esperó hasta que murió y después la exhibió de manera principal en su museo.

Muchos hombres en el famoso harem de Isabella eran homosexuales. Isabella fue una de las primeras defensoras de los derechos de los homosexuales, y convirtió su museo y su hogar en un espacio seguro para sus amigos y sus parejas.

El Museo Isabella Stewart Gardner fue el sitio del atraco sin resolver más grande de la historia de Estados Unidos. Como Isabella estipuló en su testamento que nada podía cambiarse, los marcos vacíos de trece pinturas robadas todavía están colgados en los muros donde las pinturas solían estar.

EMILY WARREN ROEBLING

1843-1903, ESTADOS UNIDOS

Ingeniera jefe del puente de Brooklyn

Si yo fuera el tipo de persona que lee las placas conmemorativas, habría sabido sobre Emily Warren Roebling mucho antes y mi vida habría sido exponencialmente más fantástica hace mucho tiempo. Sin embargo, tuve que cruzar el puente de Brooklyn varias veces antes de que me diera cuenta de que hay una placa de latón fijada a cada torre que conmemora a la dama, cuyo cerebro de primera clase y cabrona ética profesional es la razón por la que está de pie hasta el día de hoy.

En caso de que tú también seas una persona que no lee las placas, déjame contarte sobre ella.

Emily Warren nació en 1843, en una familia acaudalada de Estados Unidos, en Cold Springs, Nueva York, y fue la segunda menor de un montón de 12 hijos. Sus padres murieron cuando era una adolescente y los asuntos de la familia recayeron en el hermano mayor, Gouverneur K. Warren. No se supone que uno deba elegir a un hermano favorito, pero él era el favorito de Emily.

En 1864, Gouverneur llevó de visita a su pequeña hermana a un baile del ejército donde, desde el otro lado de la habitación, encontró la mirada de un apuesto soldado justo cuando la música empezó a subir. Su nombre era Washington Roebling; en 1865, se casaron y cayeron en el placer doméstico... aunque su definición de placer doméstico consistía en hazañas de ingeniería en pareja previamente nunca vistas por el mundo moderno.

El padre de Washington, John Roebling, era un ingeniero de puentes, y Washington siguió el negocio familiar de hacer cruzar gente sobre las aguas. Una vez que el anillo estuvo en su dedo, Emily alegremente hizo de su familia la familia de ella y de su negocio el negocio de ella. Cuando Washington se fue a Europa a estudiar el uso de artesones en la construcción de puentes, Emily también fue y aprendió a su lado. La luna de miel más romántica de todos los tiempos, ¿no te encanta cuando dos nerds se enamoran?

Washington y Emily regresaron a Estados Unidos para descubrir que papá Roebling estaba hasta el cuello en un proyecto que no solo iba a definir su carrera, sino también la ingeniería moderna: estaba supervisando la construcción de un puente que atravesaba el río Este y que conectaba Manhattan con Brooklyn.

Spoiler: se va a convertir en el puente de Brooklyn.

John designó a su hijo como ingeniero jefe asistente del proyecto y, naturalmente,

Washington le pidió a Emily que fuera la asistente del asistente del ingeniero jefe.

Todos estaban preparados para hacer historia.

Sin embargo, a tres días de haber iniciado el proyecto, un tranvía le aplastó los dedos del pie a John y poco después murió por las complicaciones, porque la medicina histórica es una amante cruel e ignorante.

Así, el ingeniero asistente Washington se convirtió en ingeniero jefe del puente de Brooklyn, probablemente después de caer de rodillas y decir: "Yo terminaré lo que tú empezaste", con voz de Kylo Ren.

Mientras Washington instalaba el cajón hidráulico más grande que alguna vez se hubiera creado (lo que permitió que sus trabajadores instalaran la base del puente bajo el agua), él y la mayoría de su grupo se quedaron atrapados en el mal de muchos buzos: enfermedad por descompresión o "enfermedad de los buzos". Muchos miembros de la tripulación murieron. Washington sobrevivió, pero se quedó ciego, parcialmente paralizado y postrado en cama.

Con uno de los proyectos más ambiciosos de la ingeniera de la historia a punto de colapsar y Nueva York corriendo en círculos de pánico alrededor de sí misma para encontrar otro ingeniero de conocimiento especializado que completara el proyecto, Emily alzó la mano.

—No se preocupen —dijo—. Yo lo hago.

De esta manera, Emily Roebling se convirtió en la ingeniera jefe de la construcción del puente de Brooklyn. Si somos honestos, Emily no tenía el currículum para obtener el trabajo. No tenía educación de ingeniera formal, pero había estudiado sobre artesones con su esposo, había visitado a su amado hermano, había tomado clases por correspondencia en la Universidad de Georgetown y estaba lista para aprender del trabajo sobre la fuerza de los puentes, el análisis de presión, la construcción de cables y las curvas catenarias, hasta que hubiera ensamblado una vasta biblioteca mental de conocimiento sobre ingeniería.

"SI LLEGA EL FIN DEL MUNDO Y EL CAOS APLASTA NUESTRO PLANETA HASTA DESTROZARLO, LO QUE VA A QUEDAR VA A SER ESTE PUENTE, SOBREVIVIENDO SOBRE EL POLVO DE LA DESTRUCCIÓN".

Vladimir Mayakovsky, *Brooklyn Bridge*, traducción al inglés de George Reavey

Emily se convirtió en la persona a cargo de la construcción, la supervisión y la solución de problemas de la edificación día a día del puente. Ella y Washington trabajaban juntos para tomar decisiones para el proyecto (lo que podía hacer Washington desde su precario reposo en las fauces de la muerte), aunque Emily a menudo tenía que trabajar sola cuando Washington estaba catatónico.

Cuando empezaron a correr rumores sobre que Washington era un inválido incapaz de hacer cualquier tipo de trabajo de ingeniero jefe y que su esposa era la verdadera mente detrás de la operación, se emitió una solicitud para que lo reemplazaran. Emily saltó en su defensa ante el club de hombres que era la Sociedad de Ingenieros Civiles de Estados Unidos. Fue la primera mujer que se dirigió alguna vez al grupo e hizo un discurso valiente y apasionado para defender el lugar de su esposo en el proyecto (y el de ella misma, pero hizo menos hincapié en ello). Gracias a su discurso, se permitió que Washington siguiera dirigiendo el proyecto. Y por Washington, quiero decir Washington y Emily.

Emily trabajó en el puente de Brooklyn durante 14 años, haciendo todo lo posible por dirigir el sitio y escribir correspondencia sobre el proyecto en representación de su esposo en las reuniones políticas. Washington sobrevivió a la enfermedad del buzo, aunque batalló contra los efectos secundarios y estuvo en tratamiento por el resto de su vida. Más tarde dijo: "Pensé que iba a sucumbir, pero tuve una torre más fuerte sobre la cual apoyarme, mi esposa, una mujer de tacto infinito y sensatez sabia". Mi pareja histórica favorita, de verdad.

El día de la inauguración del puente de Brooklyn, el 24 de mayo de 1883, se honró a Emily en un discurso del representante Abram Stevens Hewitt, quien dijo que el puente era un "monumento imperecedero al sacrificio de devoción de una mujer y prueba de su capacidad de obtener la educación superior que se les había negado demasiado tiempo". También fue la primera persona que atravesó la octava maravilla del mundo, recientemente completada, en un carruaje que llevaba un gallo para la suerte.

Detrás de ella iba el presidente, Chester A. Arthur.

En este punto, la mayoría de la gente diría: "Supervisé la construcción del proyecto para un puente que cambió la historia, creo que ya puedo retirarme".

Pero no Emily Roebling.

Ella continuó adelante hasta recibir un título en leyes por la Universidad de Nueva York y se convirtió en una de las primeras abogadas mujeres de Nueva York a los 56 años de edad. Murió en 1903 y se le conmemoró en unas placas injustamente pequeñas en el puente de Brooklyn.

Sin embargo, por lo menos pusieron primero su nombre.

—Mackenzi —te preguntas—, ¿qué es un cajón hidráulico? No soy una persona de ciencias, pero te puedo decir que permiten construir debajo del agua creando una presión de aire que mantiene el agua afuera, y eso es más o menos todo lo que sé.

MUJER TERNERO DE BÚFALO

CA. 1844-1879, ESTADOS UNIDOS

Heroína de la batalla de Little Bighorn

Mujer Ternero de Búfalo, o Muts i mi u na, creció en una de las peores épocas para ser una india americana. Aunque en realidad, desde que la gente blanca entró en la escena, nunca ha habido una época que no apeste para ser un indio americano.

Mujer Ternero de Búfalo quedó atrapada en las corrientes del Destino Manifiesto de su juventud. Su tribu, la cheyene, se había visto presionada para aceptar la supremacía de los Estados Unidos en un tratado firmado en 1825, y los argonautas estaban atravesando la tierra cheyene de camino a la fiebre del oro de California, dejando un rastro de enfermedad. Para cuando Mujer Ternero de Búfalo era una adolescente, la mitad de su pueblo se había muerto debido a la falta de cuidado de la gente blanca.

A pesar de los acuerdos con el gobierno de Estados Unidos, la gente blanca que plantó sus banderas en el oeste no podía tener menos interés en las necesidades de los cheyenes. Cuando se descubrió oro en la tierra cheyene de Colorado, el gobierno de Estados Unidos les hizo una oferta muy generosa: aléjense del oro y, a cambio, pueden vivir en una reserva con menos de un décimo de sus propiedades de tierra. Después, sonrieron e hicieron como si fuera un acuerdo fantástico y superjusto para todos. Mujer Ternero de Búfalo, como la mayor parte de los cheyenes, no estuvo de acuerdo con esto.

Los cheyenes estaban entre las últimas tribus libres de las Primeras Naciones. A lo largo del país, los colonos habían masacrado a los indios americanos. La construcción del ferrocarril transcontinental estaba perturbando los patrones de migración de los búfalos y hacía escasa la comida. Los cheyenes que habían ido a las reservas descubrieron que al gobierno no le importaba un carajo su situación. En general, al gobierno no le importaba un carajo los indios americanos.

Estas eran las condiciones para contextualizar el escenario del alzamiento de Caballo Loco, un sioux lakota que se unió con los sioux y los cheyenes para pelear en contra de Estados Unidos. Mujer Ternero de Búfalo; su hermano, Viene a la Vista, y su esposo, Coyote Negro, se unieron al ejército de Caballo Loco.

En la primera revuelta entre el ejército de Caballo Loco y el ejército de Estados Unidos, los indios americanos fueron vencidos y, por lo tanto, empezaron a retirarse. Sin embargo, mientras que todos los demás estaban huyendo, Mujer Ternero de Búfalo cabalgó hasta la línea de fuego para salvar a su hermano herido. La batalla aún se conoce entre los cheyenes como la Batalla de la muchacha que salvó a su hermano, en honor de Mujer Ternero de Búfalo.

Ocho días más tarde, Caballo Loco y su ejército se encontraron con Custer en la batalla de Little Bighorn, o la última parada de Custer, lo que probablemente recordarán de pasada en las clases de historia de Estados Unidos de la primaria. Los soldados estadounidenses se enfrentaron a un ejército de guerreros indios americanos, casi del doble de su tamaño. La batalla es más famosa por ser, como habrán adivinado por el nombre, la ocasión de la muerte de Custer. Lo que seguramente no sabías es que fue Mujer Ternero de Búfalo quien se llevó el crédito por haber tirado a Custer de su caballo, lo que hizo su muerte posible.

Por su valor en la batalla, Mujer Ternero de Búfalo se ganó el nuevo nombre de Mujer Valiente.

Su final fue bastante trágico. Su familia fue expulsada de los cheyenes luego de que su esposo matara a otro hombre en una pelea. Los aprehendió el ejército de Estados Unidos y su esposo fue ejecutado. Poco después, Mujer Ternero de Búfalo murió de difteria o de malaria.

Temiendo que los castigaran por sus versiones de La última parada de Custer —había versiones en que ellos no eran los villanos—, los líderes tribales de los cheyenes del norte exigieron que la verdad sobre lo que había ocurrido en Little Bighorn permaneciera en silencio mil veranos, lo que terminó en 2005, cuando finalmente se contó públicamente la historia de Mujer Ternero de Búfalo.

Ahora, asegurémonos de que no vuelva a ocultarse.

MARY BOWSER Y BET VAN LEW

1800, ESTADOS UNIDOS.

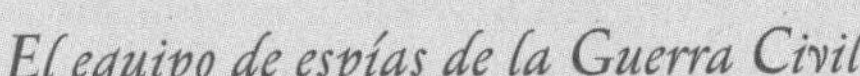

El equipo de espías de la Guerra Civil

El grito provenía de dentro de la Casa Blanca confederada.

Durante la Guerra Civil estadounidense, Jefferson Davis fue derribado desde dentro de su palacio presidencial, por un dueto de espías que consistía en dos mejores amigas: Mary Bowser y Bet Van Lew.

Mary nació alrededor de 1846 (¿quizá?), como esclava negra de una plantación de Virginia que pertenecía a la familia Van Lew. Sin embargo, en cuanto murió el señor Van Lew, su hijo e hija inmediatamente liberaron a todos los esclavos de la familia, porque sabían lo que se traían entre manos y que sus cabezas estaban en juego.

Mary y la dama Van Lew, llamada Elizabeth, pero conocida cariñosamente como Bet, se hicieron mejores amigas. A pesar de que había una brecha de 30 años entre ellas, se mantuvieron en contacto cuando Mary se fue hacia el norte para obtener su educación y después tomó un año sabático para ser misionera en Liberia.

Cuando Mary terminó la escuela, extrañaba a su mejor amiga Bet, con ferocidad.

Entonces, en lugar de quedarse en el norte libre, volvió a la plantación donde la habían criado y donde Bet ahora gobernaba una casa como la señora. Técnicamente, no se permitía que Mary regresara a Richmond como una mujer negra libre educada en el norte, así que tuvo que fingir que era esclava de Bet para volver con ella.

Esto terminó siendo útil cuando el equipo se unió para quemar los cimientos de la Confederación.

Pero estoy adelantándome.

Cuando Mary llegó a Richmond, la Guerra Civil estaba en pleno auge y Bet tenía un nuevo pasatiempo: patear a los confederados entre las piernas dentro de los muros de su propia ciudad capital. Bet nunca había sido tímida al gritar sus ideas abolicionistas por las calles de Richmond, así que ya era una especie de paria entre sus amigos y vecinos. Se metió de pleno a ello. Bet se convirtió en una fingida ermitaña, hacía muchos ruidos y hablaba consigo misma, de manera que la gente empezó a llamarla Bet la Loca.

¿Quién le presta atención a una mujer loca? Nadie.

Esto le dio a Bet la oportunidad perfecta para convertirse en una fantástica maestra

espía tras las líneas del enemigo, en favor de la Unión.

Bet coordinaba agentes en todo Richmond y en el sur, además de que ayudó a pasar información a los contactos del norte. Fue a la prisión Libby, en Richmond, con comida y medicinas para los prisioneros. ¡Ah!, y ocasionalmente llevaba herramientas para ayudar a los soldados de la Unión a escaparse. Incluso, construyó un cuarto secreto en la casa de su familia para esconderlos, así como a los simpatizantes después de que se escapaban.

Bet era una chica ruda, fría como el acero.

Y cuando Mary llegó a casa, Bet tuvo una nueva idea de alguien que sería una perfecta espía para la Unión.

Alerta de *spoiler*: era Mary.

Porque ¿sabes a quién no notaba nadie en el sur confederado de 1860? A las mujeres negras.

Bet le consiguió a Mary un trabajo como sirvienta del presidente confederado Jefferson Davis y su esposa, Varina. Desde el momento en que cruzó el umbral de la Casa Blanca confederada, Mary empezó su trabajo incansable para derrumbarlos.

Haciéndose pasar como Ellen Bond, una esclava medio tonta e iletrada, Mary obtuvo un trabajo como sirvienta para la esposa del presidente Davis, Varina. Mary tenía memoria fotográfica y era capaz de recitar conversaciones enteras que había oído de pasada. Además, como Davis pensaba que era iletrada, fue capaz de leer, memorizar y después pasar a la Unión documentos que dejaban por la casa.

Mary y Bet tenían métodos secretos para comunicarse entre ellas que habrían hecho que James Bond se pusiera de rodillas. Mary cosía mensajes para Bet dentro de los vestidos de Varina y después los mandaba a arreglar; la costurera también estaba en sus filas y le pasaba los vestidos a Bet para que pudiera recuperar los mensajes. Mary hacía hoyos en las letras de los libros para deletrear sus mensajes secretos. Ponían códigos en facturas de suministros que se entregaban en la casa. Mary colgaba ciertos colores de ropa limpia en el tendedero para enviarle mensajes a Bet.

Y eso volvía loco a Jefferson Davis: él sabía que había un infiltrado en su casa, pero no tenía idea de quién era.

En 1865, cerca del final de la guerra, otro espía fue arrestado en la Casa Blanca confederada. Mary sabía que, si a ella también la atrapaban, la iban a ejecutar. Era tiempo de salir de Richmond.

Pero primero Mary quemó la Casa Blanca confederada hasta los cimientos.

O más bien, lo intentó. No funcionó. Cuando iba camino a la puerta, prendió fuego al sótano lo más rápido que pudo, pero fue un buen intento, Mary.

La historia de la posguerra pierde el rastro de Mary. Sabemos que fundó una escuela para niños negros en Georgia. Viajó y enseñó. Se casó. En 1995, recibió un reconocimiento por sus esfuerzos como espía y se le inscribió en el salón de la fama del cuerpo de inteligencia del ejército de Estados Unidos.

Bet Van Lew fue la primera persona en la ciudad que ondeó una bandera estadounidense. Se quedó ahí por el resto de su vida, aunque se le aisló por apoyar a la Unión y se convirtió en directora de la oficina de correos.

Bet Van Lew entró en el salón de la fama de la inteligencia miliar en 1993. Mary se le unió en 1995.

"USTEDES ENVIARON LA INFORMACIÓN MÁS VALIOSA QUE SE RECIBIÓ DE RICHMOND DURANTE LA GUERRA".

Ulysses S. Grant

MARIE DUVAL

1847-1890, INGLATERRA

La artista detrás de la caricatura más popular de la Inglaterra victoriana

Antes de *Daniel el travieso*, *Charlie Brown* o *The family circus*, estuvo *Ally Sloper*, un hombre rubicundo de la clase trabajadora, cuyos intentos por mantenerse un paso adelante de sus acreedores resultaban en hilarantes situaciones semanales que tenían muerta de risa a la clase trabajadora. Lo creó e ilustró un hombre llamado Charles H. Ross.

Solo que eso no es cierto.

En realidad, era la esposa de Charles, Marie Duval, quien ilustraba las aventuras de *Ally Sloper*, continuando con una larga tradición artística de hombres que se llevan el crédito por el trabajo de las mujeres.

Marie Duval nació en París y fue bautizada como Isabelle Émilie de Tessier, aunque cuando comenzó su carrera en los escenarios de Londres adoptó el nombre de Marie Duval, que es menos intimidante para que las audiencias inglesas lo vean en un programa (más tarde se llamó a sí misma Noir y después S. A. la princesa Hesse Schwartzbourg, así que esta señorita sabía cómo moverse con los seudónimos). Se hizo un nombre ella sola en los escenarios clandestinos y en las salas de conciertos de mala muerte de Camden, interpretando a hombres, algo que no era poco común entre las actrices de la época. Su papel más famoso, el sinvergüenza y artista del escapismo que le da nombre a *Jack Sheppard*, también fue su perdición: en una gira del espectáculo, se rompió la pierna, lo que terminó con su carrera en los escenarios.

Alrededor de esa época, se casó con un tipo llamado Charles H. Ross, editor de una popular revista serial llamada *Judy*. Como Marie estaba buscando una nueva profesión, Charles la contrató como ilustradora para un *sketch* cómico semanal de moda.

Marie vivía en los tiempos de gloria de las noveluchas y las historias sensacionalistas por entregas, que eran formas de entretenimiento baratas y desechables que satisfacían a las clases más bajas. A pesar de que tenían un número abrumador de lectoras, prácticamente no había mujeres que las escribieran o las ilustraran. Por lo menos, no con sus propios nombres.

Antes de que comenzara el matrimonio-sociedad de Charles y Marie, Charles ya había desarrollado el personaje de Ally Sloper para *Judy*. Ally era el hombre común antihéroe con una nariz de bulbo de tulipán y una determinación inalterable a ganar tanto dinero como pudiera, trabajando lo menos posible. Sin embargo, apareció solo brevemente antes de ser víctima de una creciente preferencia por las piezas más largas y por entregas, más que por las hazañas independientes. Sin embargo, Ally Sloper reapareció en 1869 con un cambio de imagen que habría impresionado a

Tyra Banks. Tenía un nuevo diseño, nueva teatralidad y todo un conjunto de bromas nuevas.

Porque ahora lo ilustraba Marie.

"OCUPA UNA POSICIÓN ÚNICA COMO LA PRIMERA ARTISTA MUJER DEL CÓMIC, LO QUE MUESTRA EL CAMINO PARA MUCHAS PERSONAS CUYOS TALENTOS VAN EN ESA DIRECCIÓN".

F. H., "Women's Work: Its Value and Possibilities", *The Girl's Own Paper*

Marie no tenía formación artística profesional pero, gracias a la punta de su pincel, el mundo de Ally Sloper se expandió. Introdujo nuevos personajes secundarios y escenarios; usó su experiencia en el teatro para crear un humor físico en su arte mucho antes de que Lucy le quitara a Charlie Brown la pelota debajo de los pies; las convenciones cómicas de lugares comunes del siglo XX eran revolucionarias a finales de 1800. Incluso, la idea de un personaje recurrente era nueva. Ally Sloper fue la primera superestrella de las tiras cómicas. Para la década de 1870, era el personaje más popular de *Judy*, y Marie ilustraba todas sus aventuras. Se hizo tan popular que, en la década de 1880, se podía comprar un montón de mercancía de Ally Sloper, incluyendo tabaqueras y topes para puertas de la verdadera admiradora victoriana. Protagonizó obras de teatro y, más adelante, películas mudas; incluso, influyó en el personaje del vagabundo de Charlie Chaplin.

Como todos conocemos la regla de que cualquier cosa popular en realidad no puede ser tan buena, la mayor parte de las series, las historietas y las revistas de las clases más bajas de la Inglaterra victoriana, así como gran parte del trabajo de Marie, se perdió. Incluso, con las investigaciones al respecto de historiadores modernos, todavía hay piezas de su obra que no se han localizado. Actualmente, muchos artistas de la industria del cómic no conocen a Marie Duval.

Pero, aunque no conozcan su nombre, le deben mucho.

FANNIE FARMER

1857-1915, ESTADOS UNIDOS

La chef que unificó sus mediciones

Imagínate un mundo en el que los chefs de la Sociedad de Alimentos dieran medidas enrevesadas en sus recetas como "después agrega un montón de mantequilla", y los tutoriales de Pinterest, que de por sí son imposibles, dieran instrucciones más enloquecedoras, como "añade suficiente levadura para que el pan se esponje". Si no hubiera sido por Fannie Farmer, probablemente aún estaríamos en el espectáculo de horror distópico de las mediciones de cocina no estandarizadas.

Fannie Farmer nació en 1857, en Boston, Massachusetts. Los Farmer no eran una familia acaudalada, pero creían en una educación para su hija, y Fannie tenía esperanzas de asistir a la universidad, hasta que un derrame cerebral a los 16 años arruinó esos planes. Fannie quedó paralizada y quedó postrada en cama durante meses, seguidos por años de problemas de movilidad y una cojera de por vida. Los doctores sugirieron amablemente que, por su propio bien, abandonara cualquier ilusión de obtener una educación superior.

Fannie no podía hacer mucho para contribuir a la manutención de su familia, pero hizo lo que pudo para mantener la casa en orden. Se encargó de la cocina y de la limpieza doméstica, primero para sus padres y después para una familia vecina. Resultó que tenía verdadera madera para hacer comida deliciosa, porque, cuando recuperó la buena condición física a los 31 años y pudo empezar su vida independiente, Fannie se inscribió en la Escuela de Cocina de Boston, la extraña clase de academia que tenía un enfoque científico hacia la cocina. Además de recetas y técnicas, enseñaban nutrición, higiene, análisis químico y finanzas. Fannie era una estudiante estrella y, después de su graduación, primero se quedó como parte del profesorado y dos años más tarde fue nombrada directora.

Durante su periodo como directora, Fannie decidió que quería escribir un libro de cocina. Empezó a recopilar recetas para el que se conocería como *Boston Cooking-School Cook Book*. Su casa editora, Little Brown, no estaba convencida de que fuera a venderse. Con renuencia, acordaron una tirada limitada si Fannie podía cubrir los costos de producción de su propio bolsillo.

Pero Fannie sabía que ella era increíble y que su libro era increíble, así que apostó por sí misma.

El libro vendió más de cuatro millones de copias y vio 21 ediciones solo durante la vida de Fannie.

Su libro de cocina no se parecía para nada a los otros libros que estaban disponibles en los estantes de las librerías de 1800, porque el enfoque de Fannie hacia la cocina era completamente único. Su libro incluía notas sobre la ciencia de los alimentos y las reacciones químicas que ocurrían en la comida mientras se mezclaba. Hizo hincapié en la nutrición y fue una de las primeras personas que propusieron la idea de que la comida y la salud estaban relacionadas (imagínate). También ayudó a estandarizar el sistema de medidas que se usaba en la cocina en Estados Unidos. Antes de Fannie, las recetas estadounidenses daban el mismo tipo de instrucciones de cocina que a menudo me da mi mamá por teléfono, de modo que se encontraban instrucciones reales impresas como: "agrega una taza de té de leche", que no es para nada útil. El uso de Fannie de medidas reales en su escritura, así como el hincapié que hizo en que se unificaran, condujo a que se le llamara "la madre de las medidas estándar". Su libro de cocina fue el primero que utilizó mediciones estandarizadas.

Fannie dejó la Escuela de Cocina de Boston en 1902 y fundó la Escuela de Cocina de la Señorita Farmer. Siguió estudiando nutrición y finalmente concentró su trabajo en crear recetas para personas enfermas y convalecientes, escribió 30 páginas de recetas para diabéticos en su segundo libro de cocina.

"MI DESEO ES QUE MI LIBRO NO SOLO SE CONSIDERE UNA RECOPILACIÓN DE RECETAS QUE SE INTENTARON Y PROBARON, SINO QUE [...] CONDUZCA A UN PENSAMIENTO MÁS PROFUNDO Y UN ESTUDIO MÁS AMPLIO DE LO QUE COMEMOS".

Durante los últimos años de su vida, Fannie usó una silla de ruedas por los crecientes problemas de movilidad que tuvo como resultado del derrame, pero siguió dando conferencias a lo largo del país, incluyendo prestigiosas presentaciones en la Escuela de Medicina de Harvard. Su última conferencia se presentó 10 días antes de su muerte, en 1915, a los 57 años.

Cien años más tarde, su libro de cocina, que ahora se conoce como *The Fannie Farmer Cookbook*, todavía se imprime.

JULIETTE GORDON LOW

1860-1927, ESTADOS UNIDOS

Fundadora de las Niñas Exploradoras

Lord Robert Baden-Powell tenía un problema.

Fundó una organización llamada los Niños Exploradores que, desde el nombre, excluía a la mitad de los infantes del mundo. Lo único que él quería era llevar a los hombres jóvenes al bosque para enseñarles cómo hacer tiendas de campaña con lonas y tejer macramé con su vello facial incipiente, pero el problema era que las niñas también pedían a gritos unirse al grupo. Las jovencitas se estaban presentando en las reuniones de los Niños Exploradores con uniformes hechos en casa, intentando apuntarse con nombres falsos, y B. P. sabía que tenía que hacer algo al respecto.

Afortunadamente, en una fiesta se sentó junto a Juliette Gordon Low. Ella era una viuda reciente de cincuenta y tantos, de Savannah, Georgia; estaba buscando un propósito en la vida y algunas niñas que empoderar.

Su familia y amigos le decían Daisy (y como era amiga de todas las niñas, yo también la llamaré Daisy). Nació en los Estados Confederados durante la Guerra Civil de Estados Unidos, pero su familia se mudó a Chicago cuando era chica. Daisy era una niña brillante, curiosa y con inclinación a los accidentes, cuya juventud estuvo plagada por todo: desde una fiebre cerebral —lo que suena totalmente victoriano—, dos dedos tan rotos que casi tuvieron que amputárselos, hasta una infección de oído que resultó en una sordera parcial. El día de su boda, se le alojó un grano de arroz en la oreja durante la parte de aventar el arroz.

Su matrimonio fue bastante tenso: su esposo era un bebedor y mentiroso. Ella se pasó la mayor parte de su relación dividiendo su tiempo entre el país natal de él, Inglaterra, donde tenía que morderse la lengua y fingir que era feliz, y su ciudad natal de Georgia, donde colapsaba sobre los hombros de sus amigas por el estrés de su matrimonio fracasado. Mientras se arrastraba por fiestas de la alta sociedad y trataba de encontrar la realización en el trabajo de caridad (contra el que estaba su esposo, porque era un imbécil total), Daisy se dio cuenta de que no podía seguir casada con ese tipo. La pareja acababa de empezar a discutir el divorcio cuando él murió repentinamente, dejando a Daisy sin hijos y sola en sus cincuentas.

Ella no tenía ni idea de qué hacer con su vida.

Fue entonces cuando conoció a B. P., supo de su problema de niñas intrépidas que buscaban a alguien que les enseñara habilidades y confianza, y encontró su propósito.

Daisy se arrojó de inmediato y con entusiasmo al empoderamiento de las jóvenes de Estados Unidos, convirtiéndolas en gloriosas guerreras, reinas de cualquier cosa que inspeccionaran. En 1912, poco después de esa profética oportunidad de enlace con B. P., 18 niñas se reunieron en la escuela del primo de Daisy en Savannah y nacieron las Niñas exploradoras.

"TENGO ALGO PARA LAS NIÑAS DE SAVANNAH, PARA TODO ESTADOS UNIDOS Y PARA TODO EL MUNDO, Y VAMOS A COMENZAR ESTA NOCHE".

Desde el principio, Daisy quería que las Niñas Exploradoras fuera un grupo incluyente. Ninguna niña, sin importar su raza, antecedentes o situación económica, iba a ser rechazada. Los programas alentaban a las niñas a ser independientes, activas, socialmente conscientes y a tomar decisiones. Daisy era una gran defensora de dejar que las mismas niñas diseñaran sus programas en lugar de asignárselos. Siempre que surgía una pregunta sobre qué iban a hacer después, Daisy respondía: "Pregúntenles a las niñas". Fueron las mismas niñas las que decidieron que querían que les dijeran "exploradoras" en Estados Unidos, en lugar de "guías" como sus equivalentes británicas, un nombre que se hizo oficial en 1913. Las primeras Niñas Exploradoras reconocieron a Daisy como su torpe y compasiva líder, que las dirigía en reuniones y contaba historias de fantasmas en los campamentos.

A menudo, Daisy usó su propio dinero para mantener a las Niñas Exploradoras a flote, incluso vendió su propia joyería cuando el financiamiento estaba apretado. Usó su talento para recaudar fondos y para las relaciones públicas, en combinación con su gran red de amigos y patrocinadores.

Daisy murió de cáncer de mama en 1927. Doscientas Niñas Exploradoras asistieron a su funeral y la cremaron con su uniforme. Cien años más tarde, las Niñas Exploradoras tienen una fuerza de 2.6 millones —1.8 millones de niñas y 800 mil adultos—, valor y confianza para la construcción y para hacer del mundo un lugar mejor para todas las niñas gracias a Juliette Gordon Low.

Oigan su rugido femenino.

El principal rival de las Niñas Exploradoras no son, como podrías pensar, los Niños Exploradores, sino las Camp Fire Girls, un grupo similar, aunque no trabajan tanto el empoderamiento femenino como el fortalecimiento de las normas de género.

James West, un jefe ejecutivo de los Niños Exploradores, no aprobaba muchas de las actividades en las que participaban las Niñas Exploradoras y, cuando Daisy le pidió que fusionara su grupo con el de ella, se negó y trató de hacerles un infierno a Daisy y a sus niñas de todas las maneras posibles, desde acosar a Daisy por el nombre de Niñas Exploradoras —dijo que todos los Niños Exploradores iban a renunciar porque sentían que trivializaba a palabra "exploradores" (lo que no ocurrió, para tu información)— hasta tratar de bloquearle la patente del distintivo del nudo de trébol. Gracias a dios, Daisy no se dejó persuadir por sus sinsentidos masculinos.

ANNIE JUMP CANNON

1863-1941, ESTADOS UNIDOS

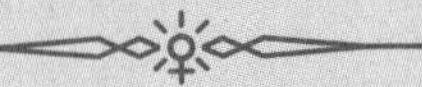

La censista del cielo

Annie Jump Cannon se crió con la mirada en el cielo.

Desde que era una pequeña persona que crecía en Delaware, su madre le enseñó los nombres de las constelaciones, que cautivaron a la pequeña Annie. Ya como una persona ligeramente mayor, su amor por todas las cosas interestelares envió a Annie a Wellesley, el colegio de mujeres de Massachusetts, conocido por dar como resultado una corriente constante de chicas rudas que azotaron el patriarcado. Ahí estudió física, astronomía, así como un montón de cosas de las que soy demasiado del tipo creativo como para comprender, y se graduó como la mejor de su clase. Su mentora en Wellesley fue una mujer llamada Sarah Frances Whiting, una de las pocas físicas de Estados Unidos en esos tiempos. Estoy obsesionada con este ciclo de mujeres que les enseñaron ciencia a otras mujeres, en especial porque estaba ocurriendo en los años 1800.

Mientras asistía a Wellesley, Annie contrajo escarlatina, la causa de muerte de muchos personajes de *La familia Ingalls*. Sobrevivió, pero la enfermedad la dejó casi completamente sorda.

¿Esto la detuvo? Por supuesto que no. ¿La hizo más lenta? No seas absurda.

Lo usó como ventaja.

El silencio relativo, dijo más tarde, le permitió concentrarse más plenamente en su trabajo.

Por medio de muchas conexiones afortunadas, Annie pudo inscribirse como estudiante especial de astronomía en el colegio Radcliffe, que era el Harvard para mujeres —porque no permitiera el cielo que las damas pudieran entrar en los salones; la mente impresionable de un muchacho podría alejarse de sus estudios tan solo por ver el perfil de una forma femenina—.

En Radcliffe, Annie conoció a Edward Charles Pickering, un chingón en astronomía y física en su momento. Él vio en Annie una chingona potencial. La contrató para que se uniera a su equipo de "computadoras", todas mujeres, del Departamento de Física de Harvard, que estaba trabajando en el trazo y la definición de todas las estrellas del cielo y desarrollando un sistema para clasificarlas. Mientras que los hombres en el laboratorio operaban los telescopios y tomaban fotografías (dos tareas, cabe notarse, que Annie era más que capaz de hacer), las computadoras examinaban los datos, realizaban cálculos astronómicos y catalogaban esas fotografías. Annie y las otras mujeres trabajaban seis días a la semana por 25 centavos la hora.

Annie y sus compañeras computadoras eran rechazadas por la comunidad científica dominada completamente por los hombres. Las llamaban el "harem de Pickering", porque la historia no puede pasar dos minutos sin ser una mierda misógina.

Conforme avanzaba más profundamente en su trabajo, Annie se dio cuenta de que el sistema de clasificación de estrellas del momento era una porquería. En tiempos de Annie, todas las estrellas estaban agrupadas en A, B y C, lo cual no es para nada útil, porque había mucho más de tres tipos. Así como hay más de cuatro tipos de estudiantes en Hogwarts (valientes, inteligentes, malvados y misceláneos), hay muchos más tipos de estrellas que las categorías que las clasificaban entonces. ¿Qué puede hacer una mujer? Hacer sus propias reglas científicas.

Annie creó un sistema de clasificación de O, B, A, F, G, K, M, R, N, S, que era mucho más útil y minucioso. Para 1910, el sistema de Annie se había convertido en el estándar mundial y, con modificaciones menores, sigue siéndolo hasta nuestros días.

Annie era tremendamente buena en la clasificación de estrellas: podía hacer tres estrellas en un minuto. En su vida clasificó más de 350 mil estrellas.

Su apodo entre su grupo se convirtió en la Censista del Cielo.

"EN ESTOS DÍAS DE GRANDES PROBLEMAS E INTRANQUILIDAD, ES BUENO TENER ALGO FUERA DE NUESTRO PLANETA, ALGO BUENO Y DISTANTE, QUE CONSUELE NUESTRAS MENTES PERTURBADAS. DEJEN QUE LA GENTE OBSERVE LAS ESTRELLAS".

En su copioso tiempo libre, Annie era fotógrafa y publicó un libro de fotografía que se distribuyó en la Feria Internacional de Chicago, en 1893.

Además de los grados que obtuvo, Annie recibió grados honorarios de todo el mundo, principalmente de la Universidad de Oxford. Fue la primera mujer a la que se le concedió uno.

El último tramo de la carrera de Annie lo pasó como curadora de fotografías astronómicas en Harvard, viviendo en una casa en Cambridge que llamó Cabaña Estrella (que es tan mágico y encantador que no lo creo). Annie murió en 1941, en Cambridge, Massachusetts. Si alguna vez hubo una mujer que debió inmortalizarse en una constelación, fue ella.

Vale la pena destacar la historia de cómo Pickering supuestamente terminó contratando un grupo astronómico de mujeres: según la leyenda, se hartó tanto de que los estudiantes universitarios hombres fueran unos tarados que contrató a su criada para hacer el trabajo de los estudiantes. Pensó que sería un buen argumento que ella lo pudiera hacer mejor. Resultó que la criada era un genio y legítimamente mejor que los hombres. Después de eso, Pickering solo contrató mujeres para su equipo astronómico de Harvard. Pickering era un tipo cool.

El instrumento nemotécnico para recordar la clasificación de Annie, que aún se enseña hoy, es "Oh, be a fine girl, kiss me right now, sweet" ["Ay, sé una buena chica y bésame ahora mismo, bombón"], que es tremendamente sexista, considerando a quién se le ocurrió.

CLELIA DUEL MOSHER

1863-1940, ESTADOS UNIDOS

La doctora prosexo que puso primero la salud de las mujeres

Conoces el viejo dicho: "Donde hay una dama victoriana tiene que haber un sillón para que se desmaye".

No es un dicho.

Sin embargo, podría serlo, porque el siglo XIX fue terrible a la hora de extasiarse con las mujeres que parecían tener inclinación por desmayarse con la menor emoción posible. En esos tiempos, casi todos lo pensaban porque las mujeres eran físicamente inferiores a los hombres. Sus pobres cuerpos de mujer simplemente no podían manejar la tensión de la vida diaria.

Todas, salvo Clelia Duel Mosher, la derribadora prosexo de los estereotipos victorianos sobre la fragilidad femenina.

La fascinación de Clelia por la fisiología humana comenzó a una edad temprana. Su padre, el doctor Cornelius Mosher, un hombre con la proporción adecuada de respeto por la educación de las mujeres, no solo la alentó, sino que la arraigó activamente. Él apoyó que su hija leyera obras literarias y que asistiera a representaciones teatrales; además, le construyó un pequeño laboratorio-vivero para que explorara su interés por la botánica. #PadreIdeal.

Clelia era, para decirlo de manera victoriana, una joven enfermiza y, a pesar de que su padre estaba tan a favor de la educación, no estaba dispuesto a que Clelia fuera a la Universidad por temor a que pudiera afectar su salud. Sin embargo, Clelia usó parte de su, desde entonces, rebelión juvenil desperdiciada y dejó su hogar contra el deseo de sus padres para inscribirse en el colegio Wellesley a los 25 años de edad. Finalmente, obtuvo un grado en zoología antes de estudiar en la Escuela de Medicina Johns Hopkins, de la cual probablemente se graduó con una tesis que tituló "Las mujeres son fuertes como el demonio".

Permíteme recrear la defensa de su tesis.

Clelia: ¿Saben que las mujeres son físicamente inferiores a los hombres?

Consejo de hombres: Sí, obvio, son tan inferiores…

Clelia: ¡MENTIRA! Los cuerpos de las mujeres literalmente son tan competentes como los cuerpos de los hombres. ¿Saben que las mujeres son frágiles y no pueden respirar?

Consejo de hombres: Sí, obvio, tan delicadas…

Clelia: ¡MENTIRA! ¡Es porque están usando los malditos corsets!

La investigación de Clelia en la escuela de medicina se trató completamente sobre desmentir el mito de la fragilidad de las mujeres y sentar la culpa donde pertenecía: en cosas como los corsets. Sorprendentemente, nunca

se había pensado en el hecho de que las mujeres pudieran colapsarse constantemente debido a una moda que requería que disminuyeran sus cinturas a proporciones caricaturescas que hacían sándwiches sus órganos internos.

Clelia se graduó de Johns Hopkins en 1900 e instaló su propio consultorio médico antes de convertirse en asistente del profesor de higiene personal en la Universidad Stanford. La principal concentración de su investigación fue la menstruación.

¿Piensas que es un tema tabú ahora? Viaja en el tiempo al Estados Unidos victoriano y trata de hablar con alguien sobre tampones.

Clelia reunió datos de 2 mil mujeres a lo largo de 12 mil ciclos menstruales. Después convirtió esos datos en ciencia para ayudar a eliminar los hábitos antihigiénicos y difuminar los mitos que podían causar dolor e infecciones durante el periodo de una mujer. También creó un régimen de ejercicios de respiración, llamado *moshering*, que servían para aliviar los cólicos, lo que posiblemente la convirtió en la primera médica estadounidense que se enfocara específicamente en la reducción del dolor de los cólicos menstruales (¡ya era tiempo, carajo!).

La obra más famosa de Clelia, que se publicó tras su muerte, fue una investigación sobre mi eufemismo favorito de la historia: "las relaciones maritales". Es la única investigación que se conoce de esa época sobre la vida sexual de las mujeres de Estados Unidos.

¡Sorpresa! Su investigación fue controvertida porque fue franca, prosexual y defendía usar las "protecciones masculinas" (mi segundo eufemismo favorito: se trata de los condones en victoriano). Antes de esto, la investigación sobre sexo en Estados Unidos solo se había hecho por hombres y sus conclusiones eran que las mujeres no tenían deseos sexuales y que el sexo era solo para la reproducción. El trabajo de Clelia, que implicó recoger datos a lo largo de más de 30 años, demostró que la mayor parte de las mujeres estaba lejos de las damas educadas reprimidas sexualmente que creemos ahora que eran. Las mujeres podían amar y querer tener sexo tanto como los hombres.

"DETRÁS DE SU VIGOROSO EXTERIOR, SUS CONTEMPORÁNEOS RECUERDAN [...] SU VOLUNTAD PARA CONFRONTAR SISTEMÁTICAMENTE EL PAPEL DE LA SEXUALIDAD EN MUJERES".

Carl Degler

Cuando no era una superheroína prosexo, Clelia era enfermera. Realizó esta labor en Francia durante la Primera Guerra Mundial, además de que ayudó a reubicar y cuidar a los refugiados. Durante su breve retiro en tiempos de guerra, trabajó como un par de manos extra en la oficina postal, porque quería asegurarse de que los soldados recibieran cartas de su hogar lo más rápidamente posible. Mi corazón.

Cuando se retiró, Clelia escribió (trágicamente sin publicarse) novelas de romances, y poco antes de su muerte, a los 77, una autobiografía (también trágicamente no publicada) que llamó *La autobiografía de una vieja mujer feliz*.

Que me parece tan dulce que me están saliendo caries.

SARAH BREEDLOVE, TAMBIÉN CONOCIDA COMO MADAM C. J. WALKER

1867-1919, ESTADOS UNIDOS

Jefa al frente del Imperio del Cuidado del Cabello

A los siete años, Sarah Breedlove era una huérfana que trabajaba en los campos de algodón de Mississippi.

A los 21, era una madre soltera viuda que trabajaba por un dólar al día.

A los 37, era millonaria.

Scratch, salta la aguja del disco*

Probablemente, te estás preguntando cómo llegó ahí. Déjame explicarte.

Pero primero, hablemos de cuidado del cabello e higiene en Estados Unidos del siglo XIX. En resumen, no era magnífico. Debido a una falta de comprensión general sobre la higiene (¿qué es vitamina?), los productos para el cabello de la época tenían mierda como lejía (y también, a veces, literalmente mierda), así que la mayor parte de la gente no tenía la cabeza cubierta de cabello seductor, tipo comercial de champú.

Cualquier cosa que fuera mala para las mujeres blancas era mucho peor para las mujeres negras, y el cabello no era una excepción.

Sarah, como muchas mujeres negras, empezó a perder el cabello cuando tenía veintitantos años. Como hija de anteriores esclavos, huérfana y madre soltera que vivía en la pobreza, tenía ya bastantes preocupaciones sin que el cabello se le cayera por mechones. Sarah empezó a buscar un producto que le ayudara a combatir la pérdida del cabello, pero no consiguió encontrar uno, porque, sin que sorprenda a nadie, a finales del siglo XIX había pocos productos para el cabello en Estados Unidos. Especialmente, para las mujeres negras.

—¡Tiene que haber una manera mejor!—gritó Sarah y se dispuso a crear una línea de productos de calidad para el cabello, específicamente, para mujeres negras.

Durante años, mientras trabajaba por centavos en la barbería de su hermano, Sarah estudió el cuidado del cabello y los remedios naturales. Trabajó para compañías rivales del cuidado del cabello para conocer sus secretos. Aprendió ella sola el negocio.

Y después ¡BAM! Sarah empezó a vender el "Maravilloso tratamiento para crecimiento del cabello de Madam C. J. Walker", un acondicionador y fórmula curativa para el cuero cabelludo de las mujeres negras.

Y FUNCIONÓ GENIALMENTE.

Como *Shark Tank* todavía no existía, Sarah, también conocida como Madam C. J. Walker (un nombre que tomó después de su segundo matrimonio con un hombre llamado Charles Joseph Walker), viajó por el sur vendiendo sus productos de puerta en puerta. La demanda fue enorme. Probablemente, porque era el único producto bueno para el cuidado del cabello de las mujeres negras del momento y, además, estaba hecho por una mujer negra. Como la astuta mujer de negocios que era, Sarah aumentó el rango de los productos que elaboraba: champús, polvos y fórmulas para el crecimiento del cabello. ¡Wow!

Con su hija como segunda al mando, expandió su negocio a Jamaica, Cuba, Costa Rica, Panamá y Haití, y empleó a miles de mujeres negras de todo el mundo para manufacturar sus productos de cuidado del cabello. Para 1910, Sarah era la propietaria del negocio afroamericano más grande en el país y era millonaria.

Pero ¿estaba Sarah satisfecha y lista para conformarse con su fortuna? No, señora. Ella tenía una misión: ayudar a más mujeres negras, y no solo con su cabello.

Sarah y su hija construyeron una fábrica en Indianápolis para manufacturar sus productos capilares, junto con un salón de belleza y una escuela de formación. Ahí, Sarah entrenaba vendedoras y les daba oportunidades para mantenerse a sí mismas de una manera que no era accesible para muchas mujeres negras a finales del siglo XIX en Estados Unidos. Sarah organizó la convención del Sindicato de Culturistas del Cabello de Estados Unidos, una de las primeras reuniones nacionales de mujeres de negocios en la historia de Estados Unidos.

"CONSTRUÍ MI PROPIA FÁBRICA EN MI PROPIA TIERRA".

Por medio de esta convención y de sus escuelas, Sarah no solo alentaba a las mujeres que trabajaban para ella a aprender de negocios, sino también a ser políticamente activas. ¿Cuál fue la mejor manera como Sarah inspiró el activismo político entre las mujeres y ayudó a construir comunidades negras? Sentando el ejemplo. Cuando una multitud blanca asesinó a 35 hombres negros, Sarah se unió a un grupo que visitó la Casa Blanca para abogar por una legislación antilinchamientos. También donó toneladas de dinero para la fundación de una YMCA negra en Indiana, contribuyendo a la creación de un espacio seguro para la gente de color en la ciudad donde se ubicaba su fábrica.

Básicamente, Sarah se dedicó a usar su éxito para ayudar, aumentar y crear oportunidades para otras personas negras.

Cuando murió, en 1919, Sarah era la mujer negra más acaudalada de Estados Unidos y la primera mujer millonaria artífice de su éxito de la historia del país.

Cien años después, sus productos siguen a la venta.

EDITH GARRUD

1872-1971, INGLATERRA

La sufragista del jiu-jitsu

Imagínate, si lo deseas, que eres una sufragista en Inglaterra de finales del siglo XIX, que acude a una reunión por la causa.

La policía está merodeando, golpeando sus cachiporras con las palmas en busca de cualquier excusa para usarlas para empujar sufragistas indefensas, encorsetadas y de faldas grandes.

Sin embargo, cuando esas cachiporras hacen contacto con tu torso, rebotan de vuelta. Y después, de la nada ¡CATAPLÚM! Sacas un bolo de boliche de abajo de tu voluminosa falda eduardiana y lo usas para aporrear a un policía hacia un arreglo floral que está cerca, donde tus amigas previamente pusieron alambre de púas para convertir dicho arreglo floral en unas fauces abiertas de matanza.

Acabas de abrir una lata de sufrajitsu ante la brutalidad de la policía.

Y todo gracias a Edith Garrud.

Edith irrumpió en el mundo en 1872, en Somerset, Inglaterra, una bebé nacida fuera del matrimonio en una época en que la gente se podía poner irascible por ese tipo de cosas. De joven, hizo amistad con Edward William Barton-Wright, inventor del estilo de arte marcial conocido como *bartitsu*. El *bartitsu* es una combinación de pelea de palos y boxeo de puño desnudo. *Kickboxing* francés y *jiu-jitsu*, actualmente es más famoso por ser el estilo de pelea favorito de Sherlock Holmes.

La pequeña Edith (literalmente pequeña; cuando fue más alta, midió 1.50 m) vio que estos hombres de bigote se brutalizaban elegantemente unos a otros y decidió que era algo que quería aprender a hacer, así que reclutó a William para que le enseñara *bartitsu*.

Cuando lo dominó, solo quería más.

Edith viajó desde Gales, donde creció, a Londres para estudiar el *jiu-jitsu* al estilo de Tokio con Sadakazu Uyenishi, el primer maestro de *jiu-jitsu* que enseñó fuera de Japón. Se acopló a él con el mismo talento exuberante que tenía para el *bartitsu*. Así, para 1907, Edith era una maestra de las artes marciales de 35 años que coreografió y protagonizó la primera película de artes marciales que se hizo en el Reino Unido.

—Pero, Mackenzi —dirás—, ¡llega a las sufragistas!

Entonces es 1908. El movimiento sufragista de Inglaterra está llegando al punto crítico y la policía se está poniendo brutal, porque había pensado que las chicas solo querían divertirse, pero resultó que en realidad querían tener derechos humanos fundamentales.

VOTES FOR WO
VOTES

¿Qué va a hacer una chica como Edith cuando ve que unos hombres están golpeando a mujeres en las calles solo porque están pidiendo el derecho al voto? Abrir una escuela *de jiu-jitsu* para enseñarles a las sufragistas a desencadenar su furia femenina contra los hombres que se interponen en su camino.

En sus gimnasios solo para mujeres, Edith les enseñó artes marciales a las sufragistas para que se defendieran de la brutalidad de la policía. También reunió una pandilla de élite de creadoras de infiernos rompecaras de 30 mujeres para proteger a Emmeline Pankhurst y otras líderes del movimiento. Edith entrenó personalmente a estas amigas peleadoras en el combate mano a mano y les proporcionó armas que pudieran ocultar bajo sus faldas y armaduras que pudieran usar bajo sus vestidos. Una vez que su entrenamiento estaba completo, enviaba a sus sufragistas jiu-jitsuistas a las calles para defender las líneas de su movimiento.

Realmente era así como se les llamaba: las sufragistas jiu-jitsuistas. ¿Dónde está eso en la canción de Mary Poppins?

Edith entrenaba a las sufragistas jiu-jitsuistas, pero también organizaba señuelos y herramientas de evasión. Ella respondía por las sufragistas cuando necesitaban una coartada; decía que habían estado en su gimnasio, cuando en realidad habían estado plantando bombas molotov en buzones de correos. Hacía todo esto mientras daba clases en las que las mujeres podían aprender el movimiento característico de Edith: arrojar policías por encima del hombro y tirarlos al suelo.

"NINGÚN HOMBRE VA A PROTEGERME, PORQUE ESTA ES UNA LUCHA DE MUJERES ¡Y NOSOTRAS VAMOS A PROTEGERNOS SOLAS!"

El movimiento de mujeres sufragistas se silenció durante la Primera Guerra Mundial, pero Edith siguió enseñándoles a las mujeres a defenderse solas. Más adelante en su vida, se le pidió que diera demostraciones a los policías de Londres que querían usar su técnica de lanzamiento de policías contra los bribones y buenos para nada. Edith también trabajó como coreógrafa de peleas de teatro y cine, y fue la primera maestra de artes marciales en el mundo occidental.

Edith murió en 1971, a los 99 años. En su última entrevista, le ofreció a la periodista la receta que acababa de usar para su pastel de cumpleaños.

Vale la pena notar que el primer movimiento sufragista del mundo occidental tenía sus detalles, porque solo reconocía los derechos de las mujeres blancas. Esto era típico de la época; no es excusa, pero es el contexto histórico. La interseccionalidad no era algo que siempre se les ocurriera a las damas blancas que agitaban pancartas y se arrojaban frente al carruaje del rey. Sin embargo, aunque el movimiento sufragista a menudo fue problemático por su falta de inclusión, vale la pena hablar de él, porque pavimentó el camino hacia el sufragio universal para las mujeres de todas las razas.

Las sufragistas de finales del siglo XIX no solo querían el voto: también estaban reclamando el derecho al divorcio y a la herencia de tierras.

Un dato relacionado tangencialmente, pero sobre todo cool: las mujeres de finales de siglo solían tener fiestas de jiu-jitsu, de la misma manera como ocurren ahora las fiestas de Tupperware y las noches de pintura en los bares. ¿Cuál era la primera regla de una fiesta de jiu-jitsu? No hablar sobre la fiesta de jiu-jitsu.

4
3

EMMY NOETHER

1882-1935, ALEMANIA

Teóricamente, la mujer más importante de la física

Cuando Einstein te llama la mujer más importante y creativa en la historia de las matemáticas, probablemente puedas dar el día por terminado e irte a casa.

A menos que seas Emmy Noether, cuya búsqueda de una innovación importante en el campo de los números fue, en una palabra, tenaz.

Las primeras aspiraciones de Emmy fueron enseñar inglés y francés en las escuelas para niñas de principios del siglo XX en Alemania, donde nació y se crio. Probablemente, ya hayas adivinado que eso no ocurrió. Antes de que empezara a enseñar, tuvo un importante cambio de resolución y decidió que prefería estudiar matemáticas en la tradición de su padre, el matemático autodidacta Max Noether. En la Alemania de esos tiempos, no se permitía que las mujeres se inscribieran en las clases de matemáticas de nivel universitario; solo podían ser oyentes con el permiso del profesor. Entonces, Emmy pasó dos años asistiendo de oyente en la Universidad de Erlangen, en su ciudad natal, sin recibir créditos ni grado. Afortunadamente, le fue tan bien en los exámenes que la universidad terminó concediéndole de cualquier manera un grado de licenciatura. Siguió hasta recibir ahí su doctorado, con una tesis sobre invariables algebraicas.

Después de graduarse, con el fin de encontrar trabajo en su campo de experiencia, Emmy tuvo que trabajar en la universidad sin recibir un sueldo o un título durante siete años; básicamente, era un servicio social del infierno sin pago. Sin embargo, todo el tiempo, entre calificar artículos y hacer labores administrativas, trabajó en su propia investigación, principalmente en álgebra abstracta (un nuevo campo en esa época), que implicaba hacer cosas como estructuras, anillos y grupos, además de estudiar por qué se comportan de la manera como lo hacen.

En 1915, la Universidad de Gotinga, donde había hecho algún trabajo de posgrado, invitó a Emmy para que, utilizando las matemáticas de su tesis, explicara las teorías de Einstein a los estudiantes y el profesorado. Hubo fuertes protestas sobre que una mujer se sumara a la facultad de profesores y no solo una mujer, sino además judía, justo antes de la Segunda Guerra Mundial en Alemania. Así que no fue exactamente una elección en la primera ronda, aunque muchos de sus colegas matemáticos, incluyendo al mismo Einstein, defendieron con ferocidad su empleo. Uno de ellos, David Hilbert, dijo: "No veo que el sexo de un candidato sea un argumento en su contra [...] después de todo, estamos en una universidad, no en un baño". A Emmy se le concedió permiso para dar clases, pero, como el sexismo nunca descansa, solo bajo el nombre de los profesores masculinos que la habían invitado, y sin recibir pago, lo cual es llevar la brecha salarial al extremo.

Durante los siguientes años, Emmy continuó su investigación sobre álgebra abstracta, desarrollando específicamente su innovador teorema Noether, el cual afirma que en cualquier cosa donde se encuentre alguna simetría también se encontrará una ley correspondiente de conservación. No lo comprendo totalmente, pero mis fuentes me han dicho que unía dos pilares conceptuales de la física: la simetría en la naturaleza y las leyes de conservación, lo que fue importante. El teorema de Noether se considera tan importante como la teoría de la relatividad de Einstein en el estudio de la física moderna y el álgebra; aún es la base de muchos avances científicos modernos (como la caza del Bosón de Higgs). Algunos físicos, incluso, sostuvieron que el teorema de Emmy era la médula de la física moderna.

"ELLA NOS ENSEÑÓ A PENSAR EN TÉRMINOS SIMPLES Y, POR CONSIGUIENTE, GENERALES; NO EN UN CÁLCULO ALGEBRAICO COMPLICADO".

P. S. Alexandroff

Emmy estaba tan obsesionada con las matemáticas que no le quedaba tiempo para mucho más. Dejó atrás pocos papeles personales o registros escritos de su vida y nunca se casó o mencionó ningún romance. No le interesaba el trabajo doméstico o las apariencias; se le conocía por mantener su cabello largo y despeinado, que a menudo se caía de los arreglos que hacía renuentemente, mientras Emmy caminaba con emoción a lo largo de un salón de clases hablando sobre números.

Sin embargo, además de ser una matemática brillante, Emmy era una judía, una pacifista y una mujer: una combinación peligrosa en la Alemania de Weimar. En 1933, el gobierno nazi le negó el permiso para enseñar. Como se veía demasiado peligroso que permaneciera en Alemania, aceptó un trabajo de profesor invitado en el Colegio Bryn Mawr de Pensilvania (para el que la recomendó Einstein, que —me imagino— es el tipo de referencia laboral que hace que uno entre sin problemas a cualquier parte). Vivió ahí durante 18 meses, hasta que murió en 1935, a los 53 años.

Más allá de su teorema cabrón, la investigación de Emmy fundamentalmente cambió la manera como los matemáticos se acercaban a su trabajo. Fue pionera en dar un enfoque conceptual al álgebra, que condujo a principios que conectaron el álgebra, la geometría, el álgebra lineal, la topología y la lógica.

Y, aunque no sepa lo que la mayor parte de esto significa, estoy bastante segura de que es fantástico.

ALICE BALL

1892-1916, ESTADOS UNIDOS

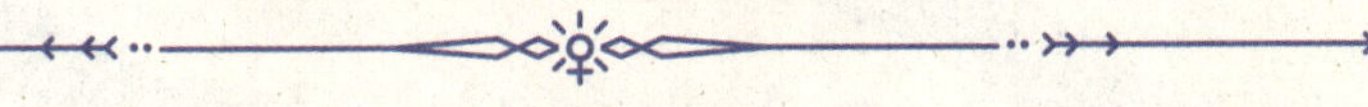

La lepra encuentra su rival

Durante siglos, habíamos tenido una cura para la lepra. Esta enfermedad incapacitante que, durante miles de años, dejó a millones con dolorosas deformidades y aisladas de la sociedad en todo el mundo, pudo haberse eliminado para siempre con el aceite de una planta.

Y lo sabíamos. Simplemente no podíamos hacer que funcionara.

Hasta que Alice Ball llegó.

Alice nació en Seattle, Washington, en 1892. Su familia estaba en el extremo superior de la clase media; su abuelo fue de uno de los primeros fotógrafos de daguerrotipo afroamericanos y su padre continuó con ese legado, como fotógrafo y editor de periódico.

Sin embargo, Alice fue una mujer de ciencias en su corazón. Asistió a la Universidad de Washington, donde obtuvo grados en química farmacéutica y farmacología, antes de asistir a la Universidad de Hawái para obtener una maestría en química; fue la primera mujer y la primera persona negra en la historia de la institución que obtuvo un grado superior.

Pero volvamos a la lepra.

Es una pequeña bastarda y durante la mayor parte de su historia, si uno desarrollaba la enfermedad, su vida básicamente se había terminado. En los Estados Unidos de fin del siglo XIX, a la gente que se le detectaba lepra forzosamente era retirada de su hogar y se confinaba a remotas colonias de leprosos; esa era la mejor situación que uno podía esperar en cualquier parte del mundo.

Alrededor de 1300, los chinos descubrieron que el aceite extraído del árbol de chaulmoogra podía usarse para combatir la lepra. Sin embargo, por muy útil que fuera esta información, el aceite se encontraba en la forma incorrecta y nadie podía descifrar cómo usarlo. Si se aplicaba de manera tópica, mostraba resultados curativos, pero no penetraba la piel con suficiente profundidad como para hacer mucho. Si se tomaba oralmente, era más efectivo, pero le daba a los pacientes unas nauseas devastadoras. Cuando se inyectaba, el aceite se apelmazaba y convertía la piel en una envoltura de burbujas sangrientas... en pacientes que ya tenían lepra.

¿Cómo se podía hacer para que el aceite circulara a lo largo del cuerpo? Todo el mundo se preguntó esto durante básicamente 600 años.

Después, Alice Ball escribió su tesis.

Alice desarrolló un proceso para aislar los esteres etílicos de los ácidos grasos del aceite de chaulmoogra, de manera que pudiera inyectarse indoloramente y viajar a una

profundidad suficiente bajo la piel para combatir la enfermedad. Había encontrado la manera de convertir la cura potencial en una cura real. La gente que sufría de lepra y que había estado lidiando con inyecciones constantes y dolorosas de aceite de chaulmoogra, que en realidad no servían para nada, se curó. Miles de personas de todo el mundo de repente vieron que sus sentencias de muerte se rescindieron. Recuperaron sus vidas.

La investigación de Alice se cortó trágicamente cuando murió a los 24 años, en 1916, probablemente por una exposición accidental a gas cloro. Arthur L. Dean, el presidente de la Universidad de Hawái en su época, continuó su trabajo, pero no te emociones mucho: lo publicó sin darle a Alice ningún crédito y, en cambio, se llevó toda la gloria para él mismo. Incluso, tuvo la cara para renombrar la técnica el método Dean, que es solo la cereza del pastel de mierda. Gracias a Dios, el asesor de tesis de Alice, el doctor Harry T. Hollman, lo exhibió. El método se renombró como método Ball y se usó en la década de 1940, cuando se desarrollaron los antibióticos para combatir la lepra.

"ALICE BALL FUE BRILLANTE, Y RECORRIÓ UN LARGO CAMINO EN LA QUÍMICA".

John Pratt

Actualmente, el único árbol de chaulmoogra de la Universidad de Hawái lleva una placa con el nombre de Alice Ball.

DOROTHY ARZNER

1897-1979, ESTADOS UNIDOS

¡Luces! ¡Cámara! ¡Feminismo!

Dorothy Arzner no creció en California, sino en Hollywood, que es un lugar completamente diferente. Sus padres tenían un restaurante en las afueras de Beverly Hills, en el que se reunían las grandes estrellas de las películas mudas para comer comida grasosa y quejarse de los contratos, los trajes y las coestrellas. Dorothy se crio en términos familiares con la industria de hacer películas.

En 1919, Dorothy inició su carrera como taquígrafa en la corporación Famous Players-Lasky, que en 1930, se convirtió en Paramount Pictures. Su trabajo superglamoroso era transcribir los guiones. Sin embargo, parte del éxito de la historia de Hollywood es encontrar el camino hacia arriba desde el cuarto de servicio o, en su caso, las oficinas de guiones. Así, con nada más que agallas y arrojo, Dorothy pronto tuvo un ascenso a la edición de películas: cortó 50 películas para Paramount antes de que volvieran a ascenderla, esta vez a la escritura.

Dorothy sabía lo que quería y eso era estar a cargo. Quería ser directora y, cuando Paramount se negó a darle ese puesto, los amenazó con irse y llevar su brillante cerebro a otra parte. Paramount cambió de opinión y Dorothy se convirtió en la única mujer directora que trabajaba en Hollywood en esos tiempos.

Su primera película fue *Fashion for women* (*La reina de la moda*), una película muda sobre una chica que vende cigarrillos y se hace pasar por una modelo parisina, así empieza una gran aventura. ¡Fue un éxito! O, por lo menos, un casi éxito. Fue lo suficientemente exitosa para que Paramount le diera a Dorothy otra película para dirigir. Y después otra. Y otra. Hasta que finalmente aterrizó en la película más grande hasta el momento: *The wild party* (*La loca orgía*).

La loca orgía fue protagonizada por Clara Bow, una actriz del cine mudo y la *it girl* más famosa de la década de 1930, literalmente (la frase "it girl" se acuñó para ella). Clara tenía una cara expresiva y ojos de ánime gigantes que le servían muy bien en las películas mudas, pero ahora se hablaba en las películas y Clara había visto a muchos de sus compañeros estrellas colapsarse bajo el peso de sus líneas mientras actuaban. Cuando entró en el escenario de *La loca orgía*, su primera película hablada, estaba muy asustada, tan asustada que empezó el mal hábito de salir del personaje a media escena para mirar directo a los micrófonos escondidos, lo cual destrozaba por completo la cuarta pared.

En lugar de actuar como Lina Lamont con su protagonista y pegarle un micrófono a un enorme collar sobre su escote, Dorothy salió de la silla de directora para resolver problemas en el set. Ató un micrófono a una caña de pescar y lo colgó sobre Clara, para que su estrella no tuviera que preocuparse de a dónde tenía que dirigir sus líneas mientras se movía alrededor del set.

"SI UNO IBA A ESTAR EN EL NEGOCIO DE LAS PELÍCULAS, TENÍA QUE SER DIRECTOR PORQUE ERA EL QUE LE DECÍA A TODOS LOS DEMÁS QUÉ HACER".

Lástima que no sacó la patente, porque Dorothy habría tenido el crédito por inventar el primer micrófono boom.

Dorothy fue la primera mujer que se unió al Sindicato de Directores de Estados Unidos, con un currículum de películas abiertamente feministas que presentaban personajes femeninos fuertes. No sé si han visto muchas películas de la década de 1930 (o de los años recientes, para el caso), pero no era común. En el set de su película *Craig's wife* (*La mujer sin alma*), Dorothy tomó el material misógino sobre un hombre pobre e indefenso atrapado en un matrimonio con una esposa frígida y lo convirtió en un llamado para que las mujeres se consideraran su propia persona en lugar de las hermosas posesiones de los hombres. Su película *Dance, girl, dance* (*Bailar es mi destino*) representó una escena icónica donde una bailarina tira a sus acosadores gritándoles. Las películas de Dorothy ayudaron a lanzar las carreras de actrices como Katharine Hepburn, Lucille Ball, Joan Crawford y Rosalind Russell. En una industria dominada por hombres, hizo películas protagonizadas por mujeres, sobre mujeres que ayudaban a mujeres, que ayudaron a lanzar las carreras de mujeres. Es demasiado hermoso.

Además de ser el tipo de feminista que uno no puede perderse, los personajes de las películas de Dorothy a menudo eran subtextualmente homosexuales. A veces textualmente. Un reseñista moderno describió a las dos protagonistas de *Bailar es mi destino* "moviéndose y bailando como un Fred y Ginger criptolésbicos". Entonces... ¿dónde firmo?

Esto era muy probable porque Dorothy misma era una lesbiana que usaba ropa de hombre y mantenía su cabello corto. Tuvo romances con muchas actrices hermosas (como cualquier poderoso de Hollywood que se respete), incluyendo a Billie Burke, que interpretó a Glinda en *El mago de Oz*. Durante los últimos 40 años de su vida, Dorothy vivió con su pareja a largo plazo, la coreógrafa Marion Morgan.

Dorothy dirigió su última película, *First comes courage* (*El valor es lo primero*), en 1943 pero, debido a la enfermedad, se vio obligada a abandonar el proyecto. Nunca regresó a la ciudad de las estrellas, pero siguió dirigiendo. Los últimos proyectos de su vida fueron videos de formación para el cuerpo femenino del ejército durante la Segunda Guerra Mundial y comerciales de Pepsi con su amiga Joan Crawford.

En la década de 1960, Dorothy empezó a dar clases en la escuela de cine de la UCLA. Uno de sus alumnos fue un don nadie de ojos grandes del que probablemente nunca hayas oído hablar, llamado Francis Ford Coppola.

Dorothy murió en 1979. Con 16 créditos de dirección con su nombre y más sin crédito, sigue siendo la directora más prolífica de Hollywood. Puedes encontrar su estrella en el paseo de la fama de Hollywood en la cuadra 1500 de Vine Street. Deja un micrófono boom en su honor.

NWANYERUWA

SIGLO XX, NIGERIA

Líder de la guerra de las mujeres Igbo

1929 fue un año difícil.

La Gran Depresión tenía los dientes hincados en Estados Unidos y los efectos se sintieron en todo el mundo. En el país natal de Nwanyeruwa, Nigeria, el colapso financiero de Estados Unidos había reducido el precio de las exportaciones nigerianas. Los británicos aún asediaban grandes porciones de África, incluyendo Nigeria, a las que llamaban propias, pero también estaban teniendo problemas económicos.

Entonces, los británicos decidieron empezar a cobrar impuestos a las mujeres de Nigeria, lo que nunca antes habían hecho. Fue un movimiento fácil de dejar pasar, porque las mujeres nigerianas tenían poco o nada que decir. Es probable que recuerdes otra colonia británica que se opuso al cobro de impuestos sin representación de sus gobernadores opresivos. Fue el mismo tipo de cosa.

Como muchas mujeres en el país, Nwanyeruwa se sintió furiosa por ello. También fue lo suficientemente valiente para demandar a los británicos por la injusticia de la acción. Y el cobrador de impuestos casi la estranguló como resultado. Pero no te preocupes; cuando la agarró de la garganta, ella también agarró la suya. Sus gritos de auxilio hicieron que otras esposas de su esposo llegaran corriendo y juntas pelearon contra el cobrador de impuestos. Nwanyeruwa reportó al cobrador con su jefe, un jefe designado por los británicos llamado Okugo, que literalmente dijo: "¿Estás segura de que no te lo merecías?", como excusa para ignorar su queja.

Si eres mínimamente parecida a mí, probablemente estés temblando de furia en este punto. También Nwanyeruwa, quien decidió hacer algo al respecto. Ese algo fue organizar una marcha gigante de protesta/fiesta de baile/marcha de mujeres en contra de los impuestos británicos.

Nwanyeruwa reunió a las mujeres de su pueblo y todas acamparon enfrente de la casa de Okugo. Pusieron música, bailaron y cantaron sobre lo tonto que era, y cantaron aún más fuerte cuando llegó a casa.

Okugo se puso furioso. Atacó a las mujeres, apuñaló a una con una vara, le disparó una flecha a otra y finalmente incendió su casa y culpó a las protestantes. Sin embargo, Nwanyeruwa no se aplacó. Tenía el apoyo de las mujeres de su pueblo e iban a arrojar la desigualdad a donde el sol no brillara.

El movimiento de Nwanyeruwa empezó a extenderse a otros pueblos alrededor de Nigeria. Las mujeres del país empezaron a protestar contra los impuestos sin representación y también por el hecho de que un montón de tipos británicos blancos no tenían derecho de estar en su país y de

llevarse su dinero en primer lugar. Tomaron las calles. Marcharon mientras cantaban, ignorando a los hombres que aseguraban que solo estaban histéricas. Persistieron. Resistieron.

Finalmente, algunos grupos de la marcha se volvieron militantes, aunque nunca hirieron a nadie. En cambio, cortaron los cables del telégrafo, vandalizaron las instituciones europeas y liberaron prisioneros de la cárcel. Fueron los británicos quienes respondieron con violencia. Empezaron a atropellar protestantes mujeres con carros. Abrieron fuego contra las manifestantes. Quemaron poblados.

El conflicto fue conocido como la Guerra de la Mujer Igbo, aunque solo fue una guerra violenta de parte de los británicos. Nwanyeruwa y sus marchistas no cometieron daño alguno. Solo querían representación e igualdad.

Finalmente, los británicos cedieron. Se retiraron los impuestos sobre las mujeres y se limitó el poder de jefes inútiles e imbéciles como Okugo. No sabemos qué le pasó a Nwanyeruwa, pero podemos estar seguros de que su negación a aceptar la injusticia desató uno de los primeros retos importantes a la autoridad británica en África. El rechazo de una mujer a aceptar la constante opresión colonial inició un movimiento que se volvió mil veces más fuerte y ayudó a terminar siglos de injusticia colonial en África.

¿Quién dice que la marcha de las mujeres nunca nos llevó a ninguna parte?

RUKMINI DEVI ARUNDALE

1904-1986, INDIA

¿Por qué caminar cuando puedes bailar?

Si Anna Pavlova te dice que deberías estudiar danza, es como si J. K. Rowling te recomendara escribir un libro. Y a pesar de que tenía 30 años, una edad a la que la mayoría de las bailarinas se retira, y de que no tenía experiencia previa en danza, Rukmini Devi Arundale se tomó el consejo en serio. Sin embargo, ni ella ni probablemente Anna Pavlova habrían podido anticipar que su primera clase de ballet conduciría a Rukmini a revitalizar una forma tradicional de danza india que estaba a punto de morir.

Rukmini nació en 1904, en Madurai, una ciudad estado en el sur de la India. Se crio en un hogar que practicaba la teosofía, una colección de filosofías místicas y ocultistas que buscan el conocimiento de la naturaleza de lo divino, así como el origen y propósito del universo. Rukmini creció escuchando estas ideas tanto de su padre como de una amiga de la familia, Annie Besant, una de las fundadoras de la teosofía. Cuando Rukmini se casó con un misionero teosófico, viajó con él y con Annie por todo el mundo, difundiendo sus mensajes.

Fue entonces cuando Rukmini se enamoró de la danza. La danza de todo tipo. Conoció a Anna Pavlova y desarrolló un fuerte enamoramiento femenino con ella después de verla bailar. Anna alentó a Rukmini a estudiar ballet y a buscar inspiración en las danzas clásicas de la India mientras desarrollaba su propio estilo.

En su búsqueda de esos movimientos característicos, Rukmini descubrió el *sadhir*, el estilo de danza clásica más antiguo de la India. Sin embargo, el *sadhir* se estaba muriendo. Históricamente, sus practicantes, exclusivamente mujeres, habían sido cortesanas del templo, lo que ocasionó un estigma sobre la presentación en público. Los tontos británicos que colonizaron la India la prohibieron, y cualquiera que quisiera aprenderla era considerado bajo y vulgar.

Rukmini iba a cambiar eso.

Su primer paso fue cambiarle el nombre. Creó un nuevo nombre para la danza: *bharatanatyam*. Después introdujo instrumentos musicales; diseñó trajes y joyería específicamente para bailarinas de *bharatanatyam*; instaló elementos de escenografía y diseño de luces, y creó dramas de danza con base en la épica y la mitología indias. Estos cambios renovaron el estilo de danza y la introdujeron en el siglo XX.

En 1935, Rukmini hizo su primera presentación pública de *bharatanatyam*. Alrededor de un año después, ella y su esposo establecieron una academia de danza y música para adolescentes en la India. Se le considera la revitalizadora más importante de la danza y los instrumentos indios clásicos, gracias al restablecimiento de las artes y las artesanías tradicionales indias.

"MUCHAS PERSONAS HAN DICHO MUCHAS COSAS. YO SOLO PUEDO DECIR QUE NO BUSQUÉ LA DANZA CONSCIENTEMENTE. LA DANZA ME ENCONTRÓ".

Cuando no estaba bailando, como si nadie la estuviera viendo salvar una cultura dancística casi olvidada, Rukmini era activista de los derechos de los animales, defensora del vegetarianismo y fundadora de un centro que enseñaba un antiguo método indio de impresión textil, que estaba a punto de morir igual que el *bharatanatyam*.

En 1977, el primer ministro de la India le ofreció presentarla como candidata para la presidencia de la India, pero ella lo rechazó. No le habría dejado tiempo suficiente para bailar.

MARIYA OKTYABRSKAYA

1905-1944, RUSIA

La mujer que aplastó nazis con su propio tanque

Mariya Oktyabrskaya empezó su vida como niña colaboradora para el régimen comunista posterior a la Revolución rusa. Nació en niveles de pobreza ínfimos, participó en la Revolución rusa, se casó con un soldado del Ejército Rojo y se unió a la causa como operadora de teléfonos trabajando por cualquiera que fuera el salario mínimo en la Rusia de la década de 1930.

Todo cambió con el ataque de la nación alemana.

En 1941, Alemania entró a la patria y empezó a bombardear con mortero, convirtiendo en jalea a cualquiera que se interpusiera en su camino entre las bandas de sus máquinas de guerra de acero cromado. Como soldado, el esposo de Mariya fue a la guerra. Como una buena ama de casa comunista, Mariya se quedó en casa y odió a los nazis a la distancia.

Hasta que recibió la noticia de que su esposo había muerto en batalla.

En ese punto, Mariya se transformó en un haz concentrado de ira nuclear que apretaba los puños de odio contra los nazis.

Mariya vendió todo lo que poseía y usó el dinero para comprar un Tanque de batalla T-34 enorme y perfectamente nuevo de 26 toneladas. Un tanque que ella misma aprendió a conducir. Un tanque al que llamó "Amiga Luchadora".

Después, Mariya le escribió a Joseph Stalin: "Mi esposo murió en la acción, defendiendo la patria. Quiero venganza de los perros fascistas por su muerte y por la muerte del pueblo soviético torturado por los bárbaros fascistas. Con este propósito, deposité todos mis ahorros personales [...] con el fin de construir un tanque. Pido atentamente llamar al tanque 'Amiga Luchadora' y que me envíen a la línea de frente como conductora de dicho tanque".

En pocas palabras: "Yo y mi 'Amiga Luchadora' queremos hacer estallar a los nazis", a lo que Stalin respondió: "Bienvenida a bordo".

Mariya fue asignada a la Brigada 26 de guardias de tanque, un equipo de élite del ejército ruso. Los hombres de tal brigada no sabían del todo qué hacer con la mujer enfurecida que vibraba de venganza y con un tanque propio, así que decidieron que lo mejor que podían hacer era arrojarla a las líneas frontales y ver qué pasaba.

Lo que ocurrió es que Mariya y su "Amiga Luchadora" lo aplastaron todo, ¡carajo!

En su primera batalla, Mariya se robó un movimiento directamente de *Rápido*

y furioso, y se abrió paso con "Amiga Luchadora" en el camino de los tanques nazis que se aproximaban y después, aceleró. Ella y su tripulación de tanque fueron el primer tanque que quebrantó la posición alemana. Después, le escribió a su hermana en casa: "Tuve mi bautizo de fuego. Golpeé a los bastardos. A veces estoy tan furiosa que no puedo respirar".

Durante el año siguiente, Mariya siguió conduciendo su ballena armada letal sobre los nazis con el tipo de abandono suicida que solo puede llamarse feroz. Mariya bajaba de su "Amiga Luchadora" en medio de una batalla para hacer reparaciones en la banda. Es discutible a quién amaba más Mariya, al esposo por el que había jurado venganza o al tanque con el que la consiguió.

Mariya, quien fue promovida a sargento por su valor, y "Amiga Luchadora" tomaron parte en la batalla de tanques más grande de la historia, la Batalla de Kursk, que ayudó a alejar la marea de la guerra de Hitler de una vez por todas.

Después de un año en el frente, Mariya fue asesinada en batalla. Los alemanes estaban en retirada y los rusos estaban ávidos por ayudarles a retirarse pateando sus traseros de regreso a Berlín. Desde luego, Mariya iba a la cabeza de esta carga cuando, durante un ataque nocturno, recibió un golpe de metralla mientras trataba de reparar a su querida "Amiga Luchadora" en el punto más álgido de la batalla.

Después de su muerte, recibió el premio Héroe de la Unión Soviética por su valor, el reconocimiento más alto que puede recibir un soldado.

Aunque elegí resaltar el papel de Mariya, hubo muchas mujeres que sirvieron en el ejército ruso durante la Segunda Guerra Mundial, que fueron igual de cabronas. La historia de las mujeres en combate en Rusia es rica, en especial durante la Segunda Guerra Mundial, pero ha quedado casi completamente olvidada.

IRENA SENDLER

1910-2008, POLONIA

Salvadora de los niños judíos de Varsovia

Irena Sendler sabía ser una buena aliada.

Aunque su familia no era judía, su padre era un médico con una mayoría de pacientes judíos en Varsovia, Polonia, y le enseñó a Irena, desde una edad temprana, que respaldara a la comunidad religiosa más pisoteada de la historia. De joven, Irena estudió literatura en la Universidad de Varsovia, pero nunca obtuvo su título porque la expulsaron por hacer mucho ruido sobre el hecho de que se obligara a los estudiantes judíos a sentarse separados de los estudiantes de otras fes. Qué coherente.

Y cuando Irena vio que Hitler venía, se interpuso en el camino.

Cuando los alemanes empezaron a obligar a los judíos polacos a mudarse con sus familias al Gueto de Varsovia, Irena usó sus contactos como empleada del Departamento de Bienestar Social para crear documentos falsos para más de 3 mil familias judías a fin de protegerlas de la reubicación. Recuerda: dar cualquier tipo de asistencia a los judíos en la Polonia ocupada por Alemania tenía como castigo la muerte tanto del asistente como de su familia.

Sin embargo, la pequeña Irena (literalmente pequeña, porque medía 1.50 m) miraba a la muerte a los ojos y se reía —seguramente para crear una distracción mientras salvaba judíos—.

A pesar de los esfuerzos de Irena y muchos otros, 450 mil judíos terminaron detrás de los muros infernales del Gueto de Varsovia, un espacio del tamaño de Central Park. Un cuarto de los judíos que se vieron obligados a entrar en el gueto murieron de hambre y enfermedades antes de que comenzara siquiera la deportación a los campos de concentración.

Sin embargo, en lugar de rendirse porque era solo una persona, Irena se arremangó y se puso a trabajar.

Irena se involucró con la Zegota (un grupo clandestino polaco que ayudaba a los judíos) y se le pidió que dirigiera la división de niños. Eso no significaba que estuviera a cargo de un batallón de niños rebeldes, aunque eso habría sido fantástico. Significaba que estaba a cargo de sacar niños judíos del gueto, lo que en realidad es aun más fantástico.

Como empleada del Departamento de Bienestar Social, Irena era una de las pocas no judías de Varsovia que tenía permiso para entrar en el gueto. Los nazis estaban convencidos de que los judíos eran subhumanos sucios y enfermos que transportaban toda clase de gérmenes, y les aterraba que esos gérmenes se extendieran afuera del gueto, así que empleaban a mujeres como Irena para que fueran detrás de los muros, buscaran señales de enfermedades como la tifus y se aseguraran de que la enfermedad permaneciera contenida.

Sin embargo, Irena en realidad estaba usando este trabajo como coartada para sacar niños judíos de contrabando del gueto y colocarlos en familias cristianas justo bajo las narices de los nazis.

A Irena se le ocurrieron maneras cada vez más creativas de sacar a los niños del gueto y pasarlos por la estación nazi de la entrada, a través de Varsovia y hacia la seguridad. Sacó de contrabando bebés y niños pequeños en ambulancias, en vagonetas y por el drenaje; los escondía en paquetes, maletas, sacos y cajas de herramientas. Entrenó a un perro para que se sentara con ella en el asiento delantero de su ambulancia y ladrara para disimular los llantos de los niños. Puntos a la mascota perfecta.

En 1943, la Gestapo arrestó a Irena y la torturó para obtener información sobre su red de resistencia, pero ella se negó a traicionar a cualquier persona de su escuadrón de la Zegota o de los niños que rescataban.

Nunca les dio nada.

Como resultado, los interrogadores le rompieron las dos piernas y se le sentenció a morir por un pelotón de fusilamiento. Sin embargo, la Zegota entró en una gloriosa misión de rescate. Sobornaron a los guardias de Irena y, de camino a su ejecución, pudo escapar.

Después de su encarcelamiento, Irena regresó a Varsovia con un nombre falso y continuó su participación con la Zegota. Obtuvo un trabajo como enfermera y escondió judíos en el hospital donde trabajaba hasta el final de la guerra, cuando los alemanes se dieron la vuelta y salieron corriendo de Polonia con los rusos sobre sus talones.

En el curso de la guerra, Irena salvó a más de 2 500 niños judíos del Gueto de Varsovia. Eso es el doble que Oskar Schindler, de la famosa película de Spielberg. Ella escribió el nombre de todos los niños que ell y su red salvaron en pedazos de papel de cigarro, los metió en frascos de cristal y los enterró en su patio trasero. Lo hizo con la esperanza de que, algún día, pudiera reunir a estos niños con sus familias.

Debido a que el partido comunista antisemita obtuvo el poder de Polonia después de la Segunda Guerra Mundial, Irena no recibió ningún reconocimiento por sus esfuerzos. Más bien, fue encarcelada, de nuevo, y su trabajo quedó en el olvido. El crédito por el conocimiento de su heroísmo es principalmente de un grupo de estudiantes de preparatoria que escribieron un proyecto sobre ella, en 1999, para el Día de la Historia Nacional. Desde entonces, Irena recibió la Orden del Águila Blanca, fue nombrada Humanitaria del año y se le concedió la ciudadana de honor de Israel, junto con otros galardones.

En 2007, Irena fue nominada al Premio Nobel de la Paz, pero no fue seleccionada.

En cambio, ganó Al Gore por una presentación de PowerPoint sobre el clima.

Es broma, el cambio climático es real y es importante. Al Gore, acepto tu logro, pero IRENA SENDLER FUE UNA DE LAS MÁS GRANDES MUJERES DE TODOS LOS TIEMPOS.

Irena murió en 2008, a los 98 años. Vivió en Varsovia toda su vida.

URSULA NORDSTROM

1910-1988, ESTADOS UNIDOS

Editora de buenos libros para niños malos

Ursula Nosdstrom era una candidata poco probable para revolucionar la literatura infantil del siglo XX. No podía deletrear. Era mala para tomar decisiones. No fue a la universidad. No tenía hijos. Cuando su némesis, la primera bibliotecaria infantil de la Biblioteca Pública de Nueva York, Anne Carroll Moore, exigió saber qué calificaba a Ursula para publicar libros para niños, ella le contestó: "Bueno, anteriormente fui niña y no se me ha olvidado todo".

Sin embargo, si alguna vez le has leído a un niño o fuiste un niño al que alguien le leyó, casi seguramente conoces su trabajo.

Con tan solo unas pocas clases de negocios bajo la cortesía estricta de la Escuela Preparatoria Scudder, la carrera editorial de Ursula comenzó en 1936, cuando tomó un trabajo en Harper & Brothers (actualmente HarperCollins) como vendedora en el departamento de libros de texto. Pronto se le transfirió a un puesto como asistente en la división conocida como Libros Harper para Niños y Niñas.

En la era de *Harry Potter*, no pensamos en los libros para niños como un nuevo fenómeno; sin embargo, en Estados Unidos de principios del siglo XX, era un campo en crecimiento. Los departamentos de lectores jóvenes en la mayor parte de las editoriales eran pequeños y estaban dirigidos casi exclusivamente por mujeres que tenían que lidiar a diario con el ruido sexista de sus colegas masculinos. Las salas de lectura para niños, que ahora son habituales en la mayoría de las librerías, eran un nuevo fenómeno que empezaba a extenderse por el país.

Antes del reino de Ursula en Harper, los libros infantiles que existían tendían a dividirse en dos grupos: cuentos brillantes y alegres donde todo es radiante todo el tiempo porque los niños son frágiles y hay que protegerlos de la verdad del mundo, o cuentos moralistas en los que siempre había una lección lacrimosa que te caía encima como un saco de ladrillos.

Ursula cambió eso. En 1940, la promovieron a editora en jefe del Departamento de Libros para Niños y Niñas, y los libros que se publicaron durante su ejercicio fueron diferentes: evitaron el sentimentalismo y el tratamiento demasiado delicado de la infancia, y cambiaron el tono de los libros infantiles al que adoptamos ahora. La meta era crear libros que entretuvieran a los niños, pero que también se identificaran con sus experiencias; parte de ello era reconocer que los niños a menudo convivían de manera familiar con la oscuridad y la complejidad en su vida cotidiana.

Bajo su dirección, el torpe equipo de la división de Libros Harper para Niños y Niñas, desordenado y con poco personal, creció de tres empleados a casi 40, y se convirtieron en los libros infantiles más

influyentes y mejor vendidos de todos los tiempos. Si has leído *Donde viven los monstruos*, *Harold y el lápiz morado*, *La telaraña de Charlotte*, *Julie y los lobos*, *Danny y el dinosaurio*, *Donde la acera se acaba*, *Buenas noches, luna*, *La cocina de noche*, *El árbol generoso*, *El conejito andarín*, *Harriet la espía* o *Stuart Little*, puedes darle las gracias a Ursula.

"ES INFINITAMENTE MÁS FÁCIL ESCRIBIR SOBRE EL MUNDO RÍGIDO DE LO BUENO Y LO MANO QUE SOBRE EL MUNDO REAL PORQUE EL ESCRITOR DE LIBROS SOBRE EL MUNDO REAL TIENE QUE CAVAR MÁS PROFUNDO Y DECIR VERDADES".

Como editora, publicó muchos "primeros" en libros infantiles, incluyendo la primera novela para jóvenes que mencionara abiertamente la homosexualidad (*I'll Get There. It Better Be Worth the Trip*, de John Donovan, 1969), la primera mención a la menstruación en un libro para niños (*The Long Secret*, de Louise Fitzhugh, 1965), una de las primeras novelas para lectores jóvenes sobre el racismo en Estados Unidos contemporáneo (*Call Me Charley*, de Jesse C. Jackson, 1945) y la primera representación de desnudez frontal total en un libro ilustrado (*La cocina de noche*, de Maurice Sendak, 1970; un "primero" ligeramente más ambiguo que los demás, pero, de cualquier modo, es indicio de las agallas y el gusto con el que Ursula se acercaba a sus libros).

Ursula exigía de sus escritores un trabajo de alto calibre: su nota más característica, que escribía a mano en los márgenes de los manuscritos, era "N. S. B. P. S. T.", que significaba "No suficientemente bueno para ser tú". Por otro lado, repartía el tipo de halagos que hacían que los autores se sintieran radiantes. Constantemente, luchaba con los altos directivos de Harper para que se le destinaran a su departamento los mismos recursos que recibían otros.

También era famosa (en el buen sentido) por defender a sus autores cuando se desafiaba a sus libros por romper las convenciones. Contestó cartas escritas por maestros y bibliotecarios que condenaban la desnudez de *La cocina en la noche* con su elocuencia característica, su ingenio y su capacidad para zanjar los asuntos: "¿No deberíamos ser muy cuidadosos, quienes estamos entre el artista creativo y el niño, de no filtrar nuestras reacciones ante esos libros por nuestros prejuicios y neurosis de adultos? [...] Solamente los adultos se han sentido amenazados por el trabajo de Sendak". Su defensa de un libro de Ruth Kraus concluía: "¡Ay, demonios!, se resume en esto: simplemente no se le puede explicar este tipo de maravilla básica a algunos adultos".

Ursula era una defensora especial de la literatura *queer* para niños en un tiempo donde cualquier olor a homosexualidad habría sido agresivamente subtextual. Ella misma escribió uno de los primeros libros lésbicos para jóvenes lectores, *The Secret Language*, y fue mentora de autores homosexuales como Maurice Sendak, Margaret Wise Brown, Arnold Lobel, Louise Fitzhugh y M. E. Kerr. Ursula vivió décadas con su pareja de toda la vida, Mary Griffith, a quien conoció mientras trabajaba en Harper.

Cuando se le ofreció a Ursula un "ascenso" del departamento para niños al de adultos, lo rechazó con una declaración elocuente, pero triunfal: "De ninguna manera podría estar interesada en los libros para adultos acabados, muertos y aburridos, y muchas gracias, pero tengo que regresar a mi escritorio para publicar más libros buenos para niños malos". Sin embargo, en 1960, sí aceptó un trabajo como vicepresidenta de Harper, la primera mujer que tuvo ese puesto.

Ursula tuvo que intentarlo tres veces antes de retirarse. Cuando dejó el puesto de editora en Harper, le dieron una marca homónima, Libros Ursula Nordstrom, que continuó hasta 1979, y después de eso siguió trabajando como consultora.

Ursula murió en 1988, a los 78 años, Santa Patrona de la Infancia. Los libros que trajo al mundo en sus tiempos en Harper siguen siendo algunos de los mejor vendidos de todos los tiempos.

Para niños o no.

El académico de la literatura infantil Leonard S. Marcus, reunió las cartas de Ursula Nordstrom y las publicó en un libro llamado Dear Genius: The Letters of Ursula Nordstrom. En cada una es descarada, expresiva y brillante.

Ursula y Maurice Sendak son la #ParejaIdeal. No puedo dejar de mencionar su extraordinaria amistad/orientación. Los dos se conocieron cuando Maurice estaba trabajando como diseñador de escaparates en la legendaria juguetería de Nueva York FAO Schwartz (RIP), y de ahí Ursula lo reclutó para que dibujara libros para niños. Él pasó varios años ilustrando las historias de otros autores antes de empezar a trabajar en sus propios libros. La relación entre los dos brilla realmente a través de sus cartas. En la interacción quizá más tierna de la historia, Ursula le escribió una carta para apoyar a un Maurice desalentado justo antes de que empezara a trabajar en el libro que realmente lo puso en el mapa, *Donde viven los monstruos*. Cuando Maurice se quejó de que nunca iba a escribir como Tolstoi, Ursula le dijo: "Es posible que tú no seas Tolstoi, pero Tolstoi tampoco era Sendak".

Como lo mencioné anteriormente, Ursula tenía una némesis. Pero honestamente ¿qué chica ruda franco con grandes ideas no lo tiene? El encono legendario de Ursula era con Anne Carroll Moore, la primera bibliotecaria infantil de la Biblioteca Pública de Nueva York, cuyo respingo le costó a *La telaraña de Charlotte* la Medalla Newbury, el reconocimiento más alto para los libros infantiles. Ursula, así como un elefante jamás olvida y como una bestia femenina vengativa, tampoco lo olvidó nunca. "Discúlpame por hablar hoy de manera estúpida", escribió en una de sus cartas. "Estaba en mi peor momento, pero se lo achaco a Anne Carroll Moore". Venenosa como la chingada.

ELVIRA DE LA FUENTE CHAUDOIR

1913-1995, PERÚ, FRANCIA E INGLATERRA

Bebedora, apostadora, playgirl, espía

La Operación Fortaleza se llevó a cabo por un escuadrón extraño de agentes en Gran Bretaña, que transmitió información incorrecta a Alemania sobre la invasión del Día D durante la Segunda Guerra Mundial. Su frente incluía una *playgirl* y apostadora peruana bisexual, un diminuto piloto polaco de un avión caza, una francesa que hablaba muy rápido, un *playboy* serbio y un granjero de pollos fracasado.

Para ser clara, en un segundo haría una donación a una fondeadora para que hicieran una película de espionaje sobre ellos, de un grupo extraño al estilo de los Avengers en tiempos de guerra.

Sin embargo, hasta que eso ocurra, hablemos de la *playgirl* bisexual peruana, Elvira de la Fuente Chaudoir.

Hija de un magnate peruano de los fertilizantes que trabajaba como embajador en Vichy, Francia, Elvira, como muchas jóvenes de la historia, tenía demasiado cerebro y no suficientes medios para expresarse. Como resultado, pasó la mayor parte de su tiempo entrenándose, viendo cuántos mandamientos podía romper en una sola tarde.

Educada, consentida y exageradamente rebelde, en cuanto tuvo la edad suficiente, Elvira huyó de sus padres a los brazos de un corredor de bolsa belga. Sus cuatro años de matrimonio tumultuoso terminaron después de que Elvira se acostó con todo Bruselas (tanto con hombres como con mujeres; como alguien expresaría más tarde, "favorece la compañía de las mujeres que no eran lo suficientemente cuidadosas con su virginidad"). Conocida por abandonar las cosas cuando se ponían agrias, Elvira volvió a huir, esta vez a Cannes, con su mejor amiga, donde se dedicaron a hacer un infierno como las Thelma y Louise de las mesas de apuestas francesas.

Elvira no estaba particularmente preocupada por su seguridad cuando los alemanes invadieron Francia; era joven, rica y guapa, así que básicamente era invencible. Sin embargo, también tenía deudas: nunca parecía saber cuándo jugar y cuándo resistirse; como resultado, terminó con un montón impresionante de deudas por apuestas. La invasión alemana fue una buena excusa para que huyera a Inglaterra y empezara una nueva vida donde sus acreedores no pudieran atraparla.

Después de un trabajo fracasado en la BBC, Elvira pasó la mayor parte de su tiempo moviéndose entre los bares y las mesas de cartas, quejándose con quienquiera que la escuchara hablar sobre cómo no tenía

dinero; estaba buscando algo además del bridge que mantuviera su gran cerebro ocupado.

Y ha de haberla escuchado la persona correcta, porque pronto terminó teniendo una entrevista con el director del MI6, quien le ofreció un trabajo con el Servicio Secreto británico.

Elvira tenía grandes características para ser una espía: uno, tenía un pasaporte peruano, lo que le permitía viajar en Europa en tiempos de guerra, y sus padres diplomáticos le proporcionaban una coartada para sus movimientos en la Francia ocupada; dos, tenía una reputación de chica fiestera de coctel a la que no le importaba nada más allá del alcohol, las apuestas y batear para los dos lados, y tres, estaba totalmente quebrada y el MI6 pagaba mejor que perder en las cartas.

El plan era este: después de entrenarla en las habilidades que necesitaba para el sabotaje, enviarían a Elvira a Francia, donde se pasearía ante los alemanes como una recluta atractiva para su esfuerzo bélico. Una vez que el Tercer Reich la tuviera a bordo, les reportaría a los británicos desde atrás de las líneas enemigas y proporcionaría a los empleados alemanes información falsa que el MI6 inventaba sobre los movimientos de los Aliados.

Y funcionó. Después de solo unas semanas en Cannes, Elvira cruzó miradas con un extraño de cabello oscuro a través de la barra de un bar, que hablaba francés con un acento alemán, y pronto no solo la habían reclutado los alemanes, sino que también tenía un salario alemán para sus apuestas de bridge.

Sin que lo supieran los empleados alemanes, esto hizo oficialmente a Elvira un miembro de los XX, o la Doble Cruz, el equipo de agentes ingleses que espiaba a los alemanes desde sus propias filas. Su nombre en código era "Bronx", por su bebida favorita.

Elvira les escribía a los alemanes cartas llenas de detalles triviales de mujeres comunes como "puedo usar los labios rojos" y "diez artículos de ropa que hacen que él pierda interés", pero entre líneas escribía información sobre los movimientos británicos en tinta invisible. Desde luego, era información falsa del MI6, pero el Tercer Reich no lo sabía; confiaba en ella implícitamente. Como los alemanes sabían que una invasión era inminente y como consideraban a Elvira una de sus agentes más confiables, le encargaron que les enviara información por medio de códigos en depósitos bancarios sobre el momento y la ubicación del ataque planeado por los Aliados. Elvira les dijo que definitivamente iban a ir por ellos desde la bahía de Vizcaya y que definitivamente debían mover sus tropas ahí, lo cual, obviamente, era noticias falsas. Sin embargo, funcionó.

Cuando los Aliados desembarcaron en Normandía, había una división de tanques entera congelándose en la bahía de Vizcaya, esperando el ataque. Todo gracias a Elvira.

Elvira pasó el resto de su vida dirigiendo una tienda de *souvenirs* y viviendo de su herencia. Un mes antes de su muerte, recibió un cheque de 5 mil libras del MI6, una pequeña muestra de agradecimiento por su ayuda en la guerra.

Y probablemente lo perdió todo en el bridge antes de exhalar su último aliento.

JACKIE MITCHELL

1913-1987, ESTADOS UNIDOS

La adolescente zurda que eliminó a los jugadores más valiosos del beisbol

Jackie Mitchell tuvo la buena suerte de nacer a lado del pitcher de beisbol del salón de la fama Dazzy Vance, en Chattanooga, Tennessee. Dazzy se dio cuenta de que la joven marimacha mal vestida y zurda de junto tenía buen ojo para el pasatiempo favorito de Estados Unidos y decidió que iba a ser ella quien heredara su legendaria bola rápida, aunque tengo la sensación de que, sin importar dónde creciera, eventualmente Jackie habría encontrado la manera de llegar al montículo del pitcher. Básicamente, nació con un guante de beisbol puesto.

Armada con la enseñanza de Vance, el rechazo de sus padres a que se conformara con las normas de género en lo referente a las niñas y los deportes, y con un talento dado por Dios, a los 16, Jackie empezó a ser pitcher para los Engelettes, un equipo de beisbol en Chattanooga. Fue ahí donde conoció a Joe Engel, dueño de un equipo de beisbol de la liga menor de exhibición, los Chattanooga Lookouts, un tipo raro, en general, conocido como el P. T. Barnum del beisbol por las extrañas actuaciones que les pedía que hicieran sus jugadores para publicitarse. Joe firmó con ella para que entrara a los Lookouts porque, en la década de 1930, reclutar a una niña delicada con una apariencia extraña era el mismo tipo de novedad que tener canarios en las tribunas. (Joe también fue famoso por intercambiar un jugador por un pavo y después comerse el pavo. Hacía cualquier cosa por un titular).

Jackie firmó en la línea punteada y se convirtió en la segunda mujer después de Lizzy Murphy en jugar beisbol organizado en la historia de Estados Unidos.

A la tierna edad de 17, Jackie se presentó como pitcher en un juego de exhibición. Sus Lookouts iban al bate contra los grandes malos rayados, los Yankees. Fue otro de los actos publicitarios de Joe Engel: poner a sus jugadores de la liga menor contra los Yankees, después cobrar por el derecho a verlos ser aniquilados mientras disfrutaba unos cacahuates y unas galletas.

En esta ocasión, la alineación de los Yankees incluía a Babe Ruth y Lou Gehrig, dos de los jugadores más famosos de la historia del beisbol.

¿Los Lookouts? Ellos tenían a Jackie Mitchell.

Con una mujer zurda de pitcher en el montículo, la prensa que cubrió el juego de exhibición, predeciblemente, rebosaba de sexismo ácido. “La pelota no va a ser lo único que tenga curvas”, escribieron en un periódico, y en todo Estados Unidos las mujeres temblaron por el esfuerzo de no girar los ojos.

Sin embargo, a Jackie le pareció simpático y el día del juego se polveó la nariz en el montículo de pitcher para que le tomaran una foto y probablemente murmuró algo como: “Yo soy una simple chica, soy mejor con una bola de estambre que con una bola de beisbol, ¿qué son los deportes?" A la mitad del primer tiempo, el pitcher inicial de los Lookouts estaba a un lanzamiento de un maratón, así que el entrenador metió a Jackie, justo cuando Babe Ruth entró al plato. Ruth le mandó a Jacks un saludo con la gorra y supuso que el momento se conocería como "la carrera más fácil de su vida".

Después, Jackie lanzó. Dejen que vuele. Y sacó a ese hijo de puta.

En seguida, Lou Gerhrig entró al plato y supuso que su momento de bateo (no soy una persona de deportes) iba a ser igual. Jackie le lanzó como si fuera una flecha.

Y también lo sacó.

La adolescente Jackie ha sido nombrada una de las dos mejores jugadoras de beisbol en la historia de los deportes como pitcher, un rasgo que ocasionó que el *New York Times* comentara sobre la exclusión de las mujeres en el beisbol: la idea se vuelve más oscura por misógina.

Sin embargo, al parecer, ninguno de los misóginos en los deportes estadounidenses podía soportarlo.

Joe Engel, quien organizó el juego y al parecer no tenía intención de que Jackie sacara a los dos jugadores principales, canceló inmediatamente su contrato. El comisionado de beisbol Kenesaw Mountain Landis, a pesar de estar en posición del nombre más grande de todos los tiempos, apoyó esta decisión porque, según expresó, el beisbol era "demasiado estruendoso" para las mujeres. *The Sporting News* sugirió que Ruth y Gehrig eran demasiado caballerosos como para golpear una pelota contra una chica y que se habían salido a propósito. Babe Ruth de alguna manera canceló la caballerosidad que se había especulado gritándole al *umpire* y pateando la tierra después de que se nombró el strike, e insultó a Jackie en la prensa diciendo: "[las mujeres] nunca van a ser buenas [jugadoras...] son demasiado delicadas. Las mataría jugar a la pelota todos los días".

Sin embargo, Jackie siguió jugando. No necesitaba nada de la basura sexista de la MLB/ MiLB.

Se unió al House of David, un equipo de granero que se podía describir mejor como el equivalente del beisbol a los Harlem Globetrotters, pero sobre elefantes. Después de hacer una gira con en House of David, Jackie se retiró en 1937 a los 23 años, porque estaba harta de que la trataran como un acto de segunda en lugar de como una jugadora de beisbol legítima solo por su género. Lo cual me hace llorar, porque imaginen lo que esta chica habría podido hacer si su talento se hubiera definido menos por el hecho de que no tenía bolas reales que por haber tenido unas bolas rápidas.

Me siento obligada moralmente a notar que algunos escritores de deportes han insinuado que Babe Ruth y Lou Gehrig salieron por strikes a propósito con el fin de que el juego apareciera en los titulares; todo fue por el espectáculo. No hay pruebas que lo demuestren más allá de lloriqueos y especulaciones, así que achaquémoslo a la fragilidad masculina. Todos los involucrados sostuvieron que fue legítimo, incluyendo a Babe, Lou y Jackie.

Aunque el contrato roto después del juego de exhibición solo aplicaba para Jackie, en efecto prohibió que todas las mujeres jugaran beisbol de manera profesional. La prohibición oficial de las mujeres de la MiLB y sus ligas afiliadas apareció en 1952, cuando los Harrisburg Senators trataron de firmar con la torpedera Eleanor Engle y se les prohibió.

NOOR INAYAT KHAN

1914-1944, INGLATERRA Y FRANCIA

La princesa india que fue espía de los Aliados

En la mayor parte de las historias de heroísmo en la Europa ocupada por los nazis durante la Segunda Guerra Mundial, no aparece la realeza literal, pero eso era exactamente lo que era Noor Inayat Khan.

Noor era una mujer india que nació en Rusia y se crio en Londres y París, descendiente del sultán Tipu, el gobernador musulmán del siglo XVIII de Mysore que había combatido el colonialismo británico en la India y que ayudó a Napoleón. Su padre era devoto del sufismo, una práctica religiosa del islam que se define por el pacifismo y la vida de la observación. Noor creció en una familia de cinco y tomó el papel de jefa de la casa a una edad temprana, cuando su padre murió inesperadamente.

Cuando estalló la Segunda Guerra Mundial, Noor y su familia huyeron a París desde Burdeos y después a Inglaterra. Ahí Noor abandonó sus aspiraciones profesionales (pianista, arpista, psicóloga infantil y escritora de libros para niños, por nombrar algunos pocos de sus intereses del momento anterior a la guerra) y se unió a la Fuerza Aérea Auxiliar de mujeres primero y después al ejecutivo de Operaciones Especiales Británicas, para entrenarse para ser una operadora encubierta en el campo.

Y fue TERRIBLE en ello: una alumna de Johnny English más que una James Bond. La formación musical de Noor le ayudó a ganarse puntos en las operaciones inalámbricas, pero lloraba y se quebraba durante las interrogaciones de práctica. Era torpe y dispersa, además de que a menudo extraviaba sus libros de códigos. Le aterraban las armas. Por no mencionar que era pacifista (aunque ese pacifismo quedó hundido por su intenso odio hacia los nazis que la llevaron a unirse a la Fuerza en primer lugar), bastante indiferente sobre el patriotismo (por el legado familiar antes mencionado de mala voluntad contra la colonización británica en India, aunque esperaba que cualquier esfuerzo heroico de su parte pudiera ayudar a cerrar la brecha entre los ingleses y los indios), y, como mujer musulmana india, no se acopló bien a la Francia de la década de 1940. Los informes de su entrenamiento la describían como "no con demasiado cerebro" e "inadecuada para el trabajo", que en realidad es una evaluación de rendimiento innecesariamente grosera.

Entonces, nadie esperaba mucho de Noor.

Sin embargo, Inglaterra estaba más o menos desesperada y Noor estaba más o menos ahí, así que la dejaron en París con solo una tarjeta de racionamiento francesa, una píldora letal en caso de que la capturaran y una identidad falsa. Se le designó que trabajara en la red de Prosper como radiotelegrafista encubierta, uno de los trabajos más peligrosos para un agente en el campo. La utilización de un equipo de radio que localizaba direcciones puso a los radiotelegrafistas en un peligro único, ya que le permitía al Servicio de Seguridad del Reichsführer-SS identificar su ubicación, pero era un trabajo vital para recaudar información para las Fuerzas Británicas en Inglaterra. La mayor parte de los radiotelegrafistas fue capturada solo después de unas pocas semanas en Francia.

Menos de una semana después de que llegó capturaron a toda su red, dejando a Noor como la única radiotelegrafista británica en París, lo cual fue una señal de pánico para la SOE. Su única conexión con la resistencia francesa era una pacifista torpe con problemas emocionales.

Sin embargo, cuando los británicos le pidieron a Noor que mantuviera un bajo perfil, ella les devolvió el telegrama (voy a parafrasear, pero creo que el espíritu es el mismo): "No se preocupen, voy a conseguir esto, ¡carajo!" Y después, lo consiguió, ¡carajo!

Con el nombre en código "Madeleine", Noor fue más lista, maniobró más y a veces literalmente dejó atrás a los nazis. Cambiaba su identidad de manera casi diaria. Todo el tiempo, envió información a los británicos en estallidos de 20 minutos (lo más que podía arriesgarse en una misión), haciendo el trabajo de casi seis agentes ella sola. Durante un tiempo, fue el único enlace entre Inglaterra y la resistencia francesa. Una vez, cuando la capturó un soldado nazi y la estaba atando con un cable de radio, ella no solo lo convenció de que la dejara ir, sino también de que la ayudara a volverse a poner el cable para que pudiera tener señal.

Cuando Inglaterra le dijo que había hecho suficiente y que podía regresar a casa orgullosa, se negó. Quedaba trabajo por hacer.

Noor sobrevivió cinco meses en el campo en Francia cuando la vida promedio de un agente encubierto en París era de seis semanas. Cuando los nazis finalmente la atraparon, ella no se fue a dormir tranquilamente. Estamos hablando de patear, gritar y hacer intentos de escape múltiples (uno incluyó una cuerda de sábanas). Noor se pasó 10 meses en una prisión alemana, principalmente encadenada en solitario porque se le consideraba "muy peligrosa". Nunca se quebró, ni siquiera bajo interrogación brutal. No les dio nada a los nazis.

Noor fue ejecutada en el campo de concentración de Dachau, después de casi un año de encarcelamiento brutal.

Su última palabra, según otros prisioneros, fue *liberté*.

Por su heroísmo, se le otorgó póstumamente a Noor la George Cross en, 1949, y la Croix de Guerre.

N

FANNY BLANKERS-KOEN

1918-2004, PAÍSES BAJOS

La mujer más rápida del mundo

Lo máximo de los primeros Juegos Olímpicos de Fanny Blankers-Koen fue obtener el autógrafo de su atleta favorito número uno de todos los tiempos: Jesse Owens. Aunque no obtuvo ninguna medalla o un lugar en la pista ni en los juegos de atletismo en los que compitió, pudo conocer a su héroe y actuó totalmente como una admiradora.

Años más tarde, cuando volvió a encontrarlo y se presentó con él, fue Jesse Owens quien se había convertido en su admirador. Según Fanny, le dijo: "No tienes que decirme quién eres; lo sé todo de ti".

¿Qué ocurrió entre aquellos primeros Juegos Olímpicos sin acontecimientos en 1936 y esa segunda reunión con Jesse Owens?

En las Olimpiadas de 1936, Fanny compitió en salto de altura y en la carrera de relevos de 4 × 100, pero no consiguió un lugar en el podio en ninguno de los dos. Sin embargo, no estaba preocupada: apenas tenía 18 años y, cuando los Juegos Olímpicos volvieran a ocurrir, aún sería lo suficientemente joven para competir.

Sin embargo, ocurrió la Segunda Guerra Mundial, así que las olimpiadas se cancelaron en 1940, una semana antes de que la patria de Fanny, Holanda, fuera invadida.

En el curso de la Segunda Guerra Mundial, Fanny se casó con Jan Blankers, un periodista deportivo, cuya actitud había sido que las mujeres no debían competir en el atletismo, hasta que se enamoró de Fanny y vio lo estúpido que había sido. Durante la guerra, Fanny siguió corriendo y entrenando, aunque la nutrición era difícil debido a la escasez de alimentos. Cuando dio a luz a su primer hijo, en 1941, la prensa de deportes holandesa supuso que su carrera en atletismo se había terminado.

Cuando ocurrieron las primeras Olimpiadas de la posguerra, Fanny tenía 30 años y muchos la habían descartado como demasiado vieja y demasiado mamá para competir. Tenía dos hijos y más tarde le contó al *New York Times* sobre las cartas de odio que recibió en las que le decían que debería avergonzarse de sí misma entrenando y compitiendo en carreras y atletismo cuando debía quedarse en casa con sus hijos (y también por atreverse a usar pantalones cortos; ninguna madre que se respetara podía permitir que el mundo viera sus piernas).

Sin embargo, Fanny calificó para competir en las carreras de 100 metros, 200 metros y 80 metros con obstáculos y en la de relevos de 4 × 100 en las Olimpiadas de verano de Londres en 1948, los primeros juegos después de la Segunda Guerra Mundial.

Recibió medallas de oro en las cuatro.

En las Olimpiadas, Fanny corrió en la lluvia, ganó la carrera de obstáculos con un final de fotografía y completó los 200 metros siete décimas de segundo antes que la medallista de plata, el margen de victoria más grande en la final de los 200 metros olímpicos. Fue la última corredora en el equipo de relevos y los revivió de un inició pobre que parecía asegurar un resultado en el último lugar. Fue la primera mujer que ganó cuatro medallas olímpicas de oro. Sigue siendo la mayor cantidad de medallas que una mujer atleta de carrera y campo haya ganado en una sola Olimpiada. A cada victoria, Fanny demolió prejuicios sobre el género, la edad y la maternidad, además de que ayudó a establecer la legitimidad de las mujeres en los deportes. Las atletas femeninas en todo el mundo aún la veneran.

A Fanny la apodaban el Ama de Casa Voladora (también la Mamá Holandesa Voladora y la Maravillosa Fanny). De regreso en Ámsterdam, le dio la bienvenida una inmensa multitud con muchos regalos, que incluían una bicicleta que le dio la ciudad misma para que "no necesitara correr demasiado". La reina Juliana de Holanda la nombró Caballero de la Orden de Orange-Nassau, una orden de caballería para "cualquiera que ha obtenido méritos especiales para la sociedad".

"LO ÚNICO QUE HICE ES CORRER RÁPIDAMENTE. NO ENTIENDO POR QUÉ LA GENTE HACE TANTO BARULLO AL RESPECTO".

A lo largo de su carrera de atletismo, instauró numerosos récords mundiales, ganó medallas y reconocimientos, además de los juegos olímpicos. Después de que se retiró, trabajó como líder del equipo de Atletismo Holandés. En honor a sus logros, se establecieron los juegos Fanny Blankers-Koen, en 1981, y aún se realizan anualmente en Holanda.

En 1999, la Asociación Internacional de Federaciones del Atletismo declaró a Fanny "Atleta femenina del siglo". A nadie le sorprendió, salvo a Fanny. Después del nombramiento, dijo con evidente conmoción: "¿O sea que fui yo quien ganó?"

COMANDANTE LIWAYWAY

1919-2014, FILIPINAS

La mujer que usó lápiz labial en la batalla

Todo guerrero necesita un estilo de lucha característico.

Para la comandante Liwayway, esa característica fue arreglarse el cabello, pintarse las uñas y aplicar lápiz labial rojo con meticulosidad antes de cada batalla que dirigió en la Revolución Huk... lo cual le da un nuevo significado a "pelear como niña".

Nacida como Remedios Gómez-Paraíso, creció en las Filipinas, donde su padre era alcalde. Remedios era básicamente una adolescente del canal de Disney. Le encantaba bailar, la ropa bonita, los perfumes y la confección; era reina de belleza regional, y obtuvo la mayor parte de los votos "como menos probable para manejar metralletas contra las fuerzas invasoras" en su anuario de la preparatoria.

Y después ocurrió la Rebelión Huk.

¿Qué es la Rebelión Huk?

Deja te digo.

La Rebelión Huk, que comenzó durante la Segunda Guerra Mundial, es una abreviatura de Hukbalahap, nombrada por el acrónimo de Tagalog de Hukbo ng Bayan Laban sa Hapon, que se traduce como "Ejército del Pueblo contra los Japoneses", así que no había nada de sutil sobre quiénes no les caían bien.

Cuando los japoneses invadieron el pueblo de Remedios, su padre trató de organizar una rama de este ejército del pueblo, pero los dirigentes japoneses lo descubrieron antes de que pudiera iniciar cualquier movimiento real. Por su insubordinación, lo torturaron, asesinaron y exhibieron su cuerpo en el pueblo. Fue entonces cuando Remedios dejó de ser una reina de belleza adolescente del canal de Disney y se convirtió en una chica ruda de Tarantino.

Sin entrenamiento militar y sin siquiera su certificado de la preparatoria, Remedios, de 22 años, se unió a un grupo de rebeldes guerrilleros que luchaban contra Japón. Tomó el nombre de comandante Liwayway: "comandante Ocaso", el tipo de apodo que se tiene que poner en la portada de un libro de cómic. El primer trabajo militar de la comandante Liwayway fue con el equipo médico, pero rápidamente la ascendieron a comandante de escuadrón, una vez que todos se dieron cuenta del tipo de espíritu de lucha que la convertiría en la estrella de las pesadillas de cualquier hombre que se atreviera a hacerla enojar. Pronto, la comandante Liwayway estaba dirigiendo a casi 200 soldados a quienes conducía en misiones peligrosas para rescatar pilotos estadounidenses caídos, y robar armas y suministros de sus adversarios japoneses.

Liwayway se volvió famosa entre los rebeldes Huk después de que su escuadrón luchó contra los japoneses en la Batalla de Kamansi. Les estaban partiendo la cara, de manera que su oficial comandante los llamó a retirada frente a las fuerzas japonesas, pero Liwayway les dijo a sus hombres que mantuvieran su posición y siguieran la buena lucha. Cuando llegaron los refuerzos filipinos, encontraron a Liwayway y a sus soldados resistiendo contra el enemigo, definitivamente sin necesidad de rescate.

"UNA DE LAS COSAS POR LAS QUE ESTOY PELEANDO EN ESTE MOMENTO ES POR EL DERECHO A SER YO MISMA".

Con el cabello peinado y el lápiz labial rojo (que usaba antes de cada batalla, tanto para parecer tranquila y que sus hombres tuvieran una sensación similar de calma antes de una batalla como también porque simplemente le gustaba verse fabulosa), así como con una predilección por luchar contra hombres que hacían comentarios sexualmente agresivos hacia ella, es posible que no haya sido la líder militar más tradicional entre los rebeldes Huk. Sin embargo, con toda seguridad era efectiva.

Liwayway fue capturada en dos ocasiones. La primera vez, le dio una reprimenda merecedora de una ovación al presidente de las Filipinas cuando la llamó una terrorista: "¿Quiénes son los Huk, señor presidente? 95 por ciento son familias de campesinos, así que no puedo ver una razón por la que los Huks aterrorizarían a sus propias familias o por la que los padres tendrían miedo de sus propios hijos". La segunda vez, su esposo fue asesinado y a ella la arrojaron a confinamiento en solitario. En su juicio, declaró que era inocente porque, como una mujer simple, simplemente estaba apoyando a su esposo en la pelea y no podían hacerla responsable de sus acciones. Esta fue una de las primeras veces en la historia en que el sexismo obró en favor de una mujer, porque el argumento funcionó y ella fue absuelta.

Después de su segundo encarcelamiento, Liwayway no regresó a la guerra; en cambio, se convirtió en defensora de los soldados que habían regresado a casa. Como parte de la Organización de Veteranos Huk, Liwayway buscaba pensiones para los soldados de más de 20 años, continuando con su tradición de no dejar a ningún hombre atrás.

Alrededor del 10 por ciento de los soldados de la rebelión Huk eran mujeres. Trabajaron como espías, enfermeras, soldados, trabajadoras postales y líderes militares. Fue la primera vez que las mujeres se habían integrado a las fuerzas militares filipinas, así que lidiaron con mucho sexismo y discriminación de sus contrapartes masculinas, quienes consideraban que solo iban siguiendo a sus hombres.

AZUCENA VILLAFLOR

1924-1977, ARGENTINA

La mujer que marchó por los desaparecidos de Argentina

El infierno no conoce furia como la de una mamá en una misión.

Y Azucena Villaflor fue una mamá para toda la Argentina.

Nacida en las afueras de Buenos Aires, en una familia de clase trabajadora involucrada en el movimiento peronista, Azucena tuvo una educación básica, cuatro hijos, un esposo y un trabajo con el salario mínimo como operadora telefónica. Era una vida bastante promedio.

Cuando a Azucena y a su esposo les dejaron el nido vacío, Argentina estaba en un estado de agitación política conocido como la Guerra Sucia, que duró de 1976 a 1983. En esos tiempos, el gobierno militar secuestró, torturó y asesinó a cualquiera que considerara subversivo, desde militantes de izquierda hasta opositores políticos del régimen, muchos de los cuales eran muy jóvenes. Las personas a las que secuestraban se les llamaba "los desaparecidos", pero todos sabían lo que les había ocurrido: los habían asesinado. El gobierno desapareció cualquier registro que pudiera ayudar a las familias a encontrar sus cuerpos o a tener certeza de lo que les había ocurrido a sus hijos.

Néstor, el hijo de Azucena, fue uno de esos jóvenes rebeldes que habían abandonado los estudios de arquitectura con el fin de organizar la disensión política y ayudar a quienes habían sido pisoteados por el régimen militar. Como resultado de sus subversiones, Néstor y su pareja, Raquel Mangin, fueron arrestados y desaparecidos.

La mayor parte de la gente aceptaba que sus familiares y seres amados desaparecidos estaban perdidos y comprendía que hacer ruido al respecto solo los metería en más problemas. Sin embargo, Azucena siguió haciendo ruido. Hizo investigaciones en el Ministerio Interior sobre su hijo y, aunque no pasó de las secretarias, hizo preguntas. Y preguntó. Y preguntó.

Y como no obtuvo respuestas, se organizó.

Como nadie había sido capaz de obtener resultados desde abajo, Azucena decidió ir justo hasta la cima: organizó una protesta de madres de hijos desaparecidos afuera de las oficinas gubernamentales del general Jorge Rafael Videla, líder de la Junta Militar Argentina.

Dirigidas por Azucena, las madres se reunieron en cafés, iglesias y salas de todo Buenos Aires para organizarse. Aparecieron públicamente por primera vez en la Plaza de Mayo, la tarde del 30 de abril de 1977. Solo alrededor de 20 mujeres estuvieron ahí, pero decidieron continuar reuniéndose en la plaza todos los jueves hasta que obtuvieran resultados. La única regla del grupo era que solo podían reunirse las madres. La mayoría eran amas de casa y muchas nunca habían trabajado fuera de su hogar, ya no digamos ser disidentes políticas. Las pañoletas blancas que las madres usaban cuando marchaban se convirtieron en el símbolo de la protesta, a veces con los nombres de sus hijos desaparecidos escritos en ellas.

Y lentamente las madres se convirtieron en un movimiento.

El pequeño grupo de protesta de mujeres se convirtió en una horda que marchaba en la plaza cada tarde del jueves y eso volvió loco al gobierno argentino. El mensaje pronto se expandió conforme los medios cubrieron sus protestas y comenzó a difundirse la conciencia de los desaparecidos por todo el mundo. En un intento por silenciar el tumulto público, el gobierno prohibió que la gente se detuviera o se reuniera en la plaza, pero las madres, astutamente, dieron la vuelta a esa ley caminando alrededor. Y en el centro de todo estaba Azucena, que siempre llevaba un folder con la información sobre su hijo ausente y que exhortaba a las mujeres con la frase "Todas por todas y todos son nuestros hijos".

El 10 de diciembre de 1977, las madres publicaron una lista de los nombres de sus hijos desparecidos y la distribuyeron por Buenos Aires. Esa misma noche, secuestraron a Azucena, la llevaron a un centro de tortura argentino bien conocido y después la llevaron en un avión al océano en un "vuelo letal". Unos meses después, su cuerpo apareció en la playa.

El régimen militar en Argentina cayó en 1983, y se restauró la democracia, pero las madres siguieron siendo una fuerza importante en la reforma política hasta nuestros días. Todos los jueves siguen marchando alrededor de la plaza con las pañoletas blancas y continúan peleando por los derechos humanos, políticos y civiles de los latinoamericanos y la gente de todo el mundo.

"TODAS POR TODAS Y TODOS SON NUESTROS HIJOS".

Una comisión gubernamental calculó que el número de desapariciones sin resolver en Argentina durante esos tiempos fue de alrededor de 11 mil personas; las madres afirman que está mucho más cerca de 30 mil.

ÁNGELA MORLEY

1924-2009, INGLATERRA

Compositora, directora, pionera transgénero

Seguramente encontrarías con dificultad a un ser humano que no pudiera tararear las primeras líneas del tema de Darth Vader, "La marcha imperial", o describir alguna de las escenas icónicas que acompaña en *La guerra de las galaxias: El imperio contraataca.*

Sería mucho más difícil encontrar a alguien que sepa que la colaboradora de mucho tiempo de John Williams en esa película y muchas otras fue Ángela Morley, una mujer transgénero responsable de algunas de las marcas más memorables del cine y la televisión.

Ángela nació como Walter Stott, y su padre fue un relojero que tocaba el ukulele como pasatiempo, así que creció en una casa con ritmo y melodía.

En la preparatoria, empezó a tocar el piano, el violín, el acordeón, el clarinete y el saxofón alto, y se convirtió en una música tan capaz que pudo salirse de la escuela para seguir el camino con una banda de swing, formada por completo por adolescentes. Tocaba por el equivalente de dos dólares a la semana.

Es posible que Ángela fuera una de las pocas bretonas que pueden decir que algo bueno salió de la Segunda Guerra Mundial. Los músicos del país fueron reclutados pero, como Ángela era demasiado joven para que la reclutaran y también era una magnífica lectora, rápidamente pudo trabajar hasta convertirse en la líder de la banda.

Después de una década de giras, Ángela abandonó la vida del espectáculo para dedicarse a la composición, que había estado estudiando por su cuenta. Se le designó líder de la rama británica de Philips Records antes de continuar su carrera hacia la dirección y la escritura de la música para dos programas de radio de larga duración. Más tarde, empezó a hacer la música de películas para la Associated British Picture Corporation.

Lo más importante fue que escribió las entradas británicas para el concurso de canción de Eurovisión.

En 1972, Ángela desapareció del negocio de la música, solo para regresar unos años más tarde totalmente transformada: escribiendo, componiendo y viviendo como una mujer bajo su nuevo nombre. La escena musical de Londres en la década de 1970 no la recibió exactamente con los brazos abiertos; era más bien un club de varones hipermasculinos que un desfile del orgullo gay. Ángela tuvo que soportar la discriminación, los comentarios desdeñosos y, en general, visiones cortas debido a su decisión de transformarse.

Sin embargo, Ángela no tenía tiempo para esas tonterías cisgénero. Tenía que componer música de películas, como la banda sonora de la adaptación animada de *Hazel: El Príncipe de los Conejos*, un proyecto que continuó cuando el compositor original lo abandonó tres días antes de que la grabación fuera a comenzar. Compuso toda la música en dos semanas. Un éxito llevó a otro, y en 1974 se le nominó a un premio de la Academia por su trabajo en *El Principito*, y dos años después, en 1976, por *La zapatilla y la rosa*.

Hollywood, resultó. Fue mucho más amable con una mujer transgénero británica que Londres, así que, después de pasarse el momento de su vida en las dos ceremonias de los Óscares, Ángela recogió sus cosas y se mudó a Beverly Hills. Ahí se concentró principalmente en escribir canciones para la televisión y sus créditos incluyen *Dallas*, *Dinastía*, *Cagney y Lacey* y *La Mujer Maravilla*. En Hollywood, también inició una amistad con el compositor John Williams y, después de probablemente quedar como "mejor amigos para siempre", se convirtió en su colaboradora sin crédito y frecuente orquestadora en grandes éxitos del cine, como *La Guerra de las Galaxias*, *El Imperio Contraataca*, *E. T.*, *Mi pobre angelito* y *La lista de Schindler*. También contribuyó en las bandas sonoras de *Peter Pan*, *Karate Kid* y *Superman* (y con la segunda parte de *El jorobado de Notre Dame* de Disney, pero no le guardamos rencor por esa monstruosidad que se fue directamente al VHS).

Después de retirarse del negocio de las películas, Ángela trabajó como orquestadora, compositora y a veces directora con músicos como Yo-Yo Ma, Julie Andrews, Itzhak Perlman y Benny Goodman, así como con orquestas sinfónicas alrededor del mundo. Ganó tres premios Emmy y se le nominó 11 veces antes de su muerte en 2009, a la edad de 84 años.

¿CONOCEN LA ESCENA DE LA GUERRA DE LAS GALAXIAS DONDE LUKE BAJA A LA ESTRELLA DE LA MUERTE Y UNA VOZ DICE: 'USA LA FUERZA, LUKE?' ESA ES MI ORQUESTACIÓN FAVORITA".

MARÍA TALLCHIEF

1925-2013, ESTADOS UNIDOS

La primera Prima Ballerina de Estados Unidos

En la escena del ballet del siglo XX, la única manera de hacerlo en grande era teniendo un apellido ruso. Los rusos eran los dueños reconocidos universalmente del mundo de la danza, así que la mejor forma de que te eligieran para salir de la línea del coro como bailarina era tener un nombre ruso en tu currículum y, como la mayor parte de los bailarines no lo tenían, muchos mintieron.

María Tallchief ("Gran Jefe") definitivamente no tiene un nombre que suene ruso. Sin embargo, a pesar de la sugerencias de sus maestros y colegas de que debía cambiar al nombre drásticamente más soviético *Tallchieva* sin mucho barullo, lo cual probablemente habría resultado en que obtuviera más trabajos y menos racismo, María se negó.

Si iba a ser la primera *prima ballerina* de Estados Unidos, lo iba a ser con su nombre indio americano.

Nacida con el nombre de Elizabeth Marie Tallchief en una reserva de Oklahoma, el talento de María por la danza fue evidente desde una edad temprana. A los tres, comenzó sus lecciones y para los ocho años, toda su familia se había mudado a Los Ángeles para que tanto ella como su hermana más pequeña pudieran asistir a mejores clases. A los 17 años, María se había unido al prestigioso Ballet Ruso de Montecarlo. Fue ahí donde conoció al coreógrafo George Balanchine y se convirtió en su musa, más tarde, en su esposa. Cuando Balanchine fue cofundador de lo que se convertiría en el Ballet de la Ciudad de Nueva York, en 1948, María se convirtió en la primera estrella de la compañía.

"UNA CRIATURA DE MAGIA, BAILANDO LO QUE ES APARENTEMENTE IMPOSIBLE, CON UNA BELLEZA SIN ESFUERZO DE MOVIMIENTO, QUE NOS ELECTRIFICA CON SU BRILLO, QUE NOS ENCANTA CON SU RADIANTE SER".

Walter Terry

Las coreografías complicadas e intrincadas de George y el punto de ejecución de María, en combinación con su singular pasión y energía, revolucionaron el ballet en los Estados Unidos y sentaron un alto estándar para otros bailarines que hicieron después de ella los papeles que ella originó. Representar la coreografía de George requería atletismo, velocidad, técnica y agresividad, una combinación poco lógica que parecía imposible para muchos bailarines. María fue una de las pocas que no solo podían bailar, sino bailar sin falla. El crítico de danza John Martin, del *New York Times*, escribió que la coreografía que George creó para ella en *El pájaro de fuego* requería que hiciera "todo salvo girar sobre su cabeza, y ella lo hace con un brillo completo e incomparable".

El pájaro de fuego impulsó el éxito del Ballet de la Ciudad de Nueva York y ayudó a definir el lugar de María como la primera bailarina de Estados Unidos. Ella continuó originando docenas de papeles icónicos y revolucionando el ballet con su ejecución inmaculada de la coreografía innovadora y extenuante de George. Sus papeles en los originales de George Balanchine incluyeron el papel titular en *El lago de los cisnes*, así como el Hada de Azúcar en *El cascanueces*, una actuación que ayudó a sacar el ballet de la oscuridad y a transformarlo en la tradición de Navidad favorita de Estados Unidos. Además de su trabajo con el Ballet de la Ciudad de Nueva York, se convirtió en la primera estadounidense que bailara con el Ballet de la Ópera de París e interpretó a Anna Pavlova junto a Esther Williams en la película *La reina del mar*.

Tras abandonar el Ballet de la Ciudad de Nueva York, María viajó por todo el mundo, recibiendo honores, incluyendo la introducción en el Salón de la Fama Nacional de las Mujeres y un reconocimiento del Kennedy Center. Se convirtió en la primera estadounidense que bailara en el legendario teatro Bolshoi de Moscú. Cuando regresó al Ballet Ruso de Montecarlo en 1954, fue la bailarina mejor pagada de Estados Unidos.

Murió en 2013, a los 88 años.

LAS HERMANAS MIRABAL

DÉCADA DE 1930-1969, REPÚBLICA DOMINICANA

En la década de 1930, la República Dominicana estaba gobernada por el dictador Rafael Trujillo, que era terrible. Bajo la dictadura de Trujillo, no existían los derechos humanos. Masacró a miles, condujo genocidios contra los haitianos y sus enemigos solían desaparecer misteriosamente. Era propietario de la industria, controlaba la mayor parte de las utilidades del país y las usaba para mantener tanto sus tonterías dictatoriales como sus propias ganancias financieras. Utilizó espías en todo el país para saber quiénes hablaban en su contra y enviaba expediciones y encontrar mujeres y violarlas.

Fue frente a este horrible dictador que cuatro hermanas, Patria, Dedé, Minerva y María Teresa Mirabal se levantaron y se negaron a seguir normalizando la tiranía.

A pesar de crecer en una era de la década de 1940 que apoyaba agresivamente que las mujeres fueran amas de casa, tres de las cuatro hermanas fueron a la universidad (y la que no fue, Dedé, ayudó a administrar el negocio familiar). Minerva se involucró en clubes anti-Trujillo mientras estaba en la escuela de leyes, pero su involucramiento revolucionario llegó a un punto álgido cuando conoció a Trujillo en una fiesta, en la que intentó meterle las manos por debajo de la falda. Minerva lo hizo pomada. Lo abofeteó en la cara.

Trujillo hizo un berrinche porque Minerva rechazó sus avances sexuales, así que, como consecuencia, hizo todo lo que pudo para arruinar su carrera. En su segundo año en la escuela de leyes, le prohibieron entrar a los salones de clases a menos que hablara en favor de Trujillo (alerta de *spoiler*: no lo hizo) y, cuando finalmente se graduó, el gobierno le negó misteriosamente una licencia para practicar las leyes sin darle una razón.

Y no se detuvo ahí. El padre de las hermanas Mirabal fue encarcelado y torturado sin razón aparente, aunque parecía muy relacionado con que Minerva rechazara a Trujillo. El encarcelamiento resultó en la muerte de su padre poco después. Más o menos alrededor del mismo tiempo, Minerva y su madre fueron rehenes de los secuaces de Trujillo en un hotel en un viaje a Santo Domingo. Le dijeron a Minerva que las iban a soltar solo si se acostaba con Trujillo (no te preocupes; se escaparon).

Fue entonces cuando Minerva se hartó y decidió que se debía hacer algo contra el dictador. Y ella y sus hermanas fueron quienes lo hicieron.

Sus hermanas María Teresa y Patria se unieron rápidamente a la causa anti-Trujillo. Mientras que Patria estaba en un retiro religioso (quería ser monja), había atestiguado una masacre de civiles a manos de hombres de Trujillo, así que las hermanas iniciaron un movimiento revolucionario llamado el Movimiento del 14 de junio (la fecha de la masacre). La declaración de su misión fue "derrumbar al tirano haciéndole un infierno". Conforme sus partidarios fueron creciendo, las hermanas hicieron todo lo que pudieron para crear conciencia sobre la verdad detrás del abuso de poder del gobierno, derrocar a Trujillo y restaurar la democracia en la República Dominicana. Distribuyeron panfletos sobre las personas a las que Trujillo había asesinado y rastrearon la verdad sobre aquellos a quienes había desaparecido. Construyeron armas y bombas. Hablaron en contra del abuso de los derechos humanos de Trujillo y de la brutalidad de su régimen.

"NO PODEMOS PERMITIR QUE NUESTROS HIJOS CREZCAN EN ESTE RÉGIMEN CORRUPTO Y TIRÁNICO. TENEMOS QUE PELEAR CONTRA ÉL, Y YO ESTOY DISPUESTA A ABANDONARLO TODO, INCLUSO MI VIDA DE SER NECESARIO".

Patria Mirabal

En pocas palabras, resistieron.

Su nombre en código entre el movimiento era las Mariposas.

Las hermanas soportaron torturas y abusos por sus esfuerzos. Minerva y María Teresa fueron arrestadas y torturadas en múltiples ocasiones, sus esposos también. Se atacó su propiedad. Su familia se separó. Sin embargo, Minerva, Patria y María Teresa se negaron a rendirse.

No vivieron para ver la gloria de su lucha. El 25 de noviembre de 1960, María Teresa, Minerva y Patria fueron asesinadas por los hombres de Trujillo de camino a su casa tras visitar a sus esposos en prisión. Sus muertes fueron cubiertas con una mentira sobre un accidente automovilístico.

La muerte de las hermanas enardeció a la República Dominicana. Sus esfuerzos revolucionarios y el martirio ayudaron a encender la campaña que llevó al asesinato de Trujillo seis meses más tarde.

El legado de las hermanas Mirabal continúa hasta nuestros días. Pueden encontrarlas en el billete de 200 pesos de la República Dominicana. Las Naciones Unidas designaron el 25 de noviembre como el Día Internacional de la Eliminación de la Violencia contra las Mujeres en su recuerdo y un obelisco que construyó Trujillo cuando renombró Santo Domingo con su propio nombre está cubierto con murales de las hermanas, lo cual es una cierta especie de justicia ciudadadna.

La cuarta hermana, Dedé, estuvo menos involucrada en el derrocamiento del gobierno real que sus hermanas (además, a ella no la asesinaron); sin embargo, fue un chica ruda por derecho propio. Se pasó su vida dirigiendo el negocio familiar, cuidando a los hijos de sus hermanas después de sus muertes y preservando el legado de las Mariposas. Aún se puede visitar el museo dedicado a ellas en la República Dominicana que fue fundado por Dedé. Murió en 2014, después de una vida dedicada a asegurarse de que el mundo recordara a sus hermanas y su sacrificio.

LORRAINE HANSBERRY

1930-1965, ESTADOS UNIDOS

Dramaturgia por los derechos civiles

Lorraine Hansberry creció familiarizada con lo duro que era ser una mujer negra en Estados Unidos.

Fue nieta de un antiguo esclavo. De niña, atacaron brutalmente a su familia cuando se mudaron a un vecindario de blancos. Cuando se negaron a abandonar su casa, su caso llegó hasta la Suprema Corte. Cuando tenía 15 años, su padre murió y Lorraine juró que parte de lo que lo había matado fue el peso del racismo estadounidense.

Fueron estas primeras injusticias las que inspiraron el activismo de Lorraine. En la Universidad de Wisconsin-Madison, peleó por los dormitorios integrados y, después de dos años de educación superior, se mudó a Harlem para continuar el tipo de educación que solo se puede obtener en las filas de la lucha por los derechos civiles. Ayudó a regresar los muebles de propietarios desalojados a sus casas, estudió historia africana bajo la dirección de W. E. B. du Bois y escribió para el periódico panafricano mensual *Freedom*.

En una de esas manifestaciones conoció a Robert Nemiroff, un muchacho blanco judío, compositor, futuro productor de Broadway y claramente un espíritu afín, porque la noche anterior a su boda faltaron a la cena de ensayo para protestar por la ejecución de los Rosenberg.

A pesar de que compartían el interés por la justicia y el hecho de que su matrimonio no era terrible, su unión estaba condenada desde el inicio, porque Lorraine era lesbiana. Además de adherir los derechos LGBTQ a la lista de causas por las que se manifestaba, Lorraine fue suscriptora a *The Ladder*, la primera revista lésbica de suscripciones en Estados Unidos, la cual entregaban en bolsas de papel estraza para evitar que las vieran los carteros. Sus cartas a *The Ladder* revelan sus luchas con su sexualidad y su experiencia como lesbiana de clóset en una relación heterosexual.

Lorraine supo cómo luchar por sus sueños. Trabajó como cajera y mesera mientras escribía por las noches, hasta que su esposo escribió una canción que fue un éxito, lo que le permitió escribir de tiempo completo. En esos tiempos, escribió *The Crystal Stair*, llamada así por un verso de un poema de Langston Hughes. La obra se trataba de una familia de negros que lucha por vivir en Chicago. Más adelante, Lorraine la renombró *Un lunar en el sol*, un verso diferente de un poema diferente de Langston Hughes.

Es posible que hayas oído de su obra. Es lo que podría decirse "prolífica".

(Más sobre el tema de su matrimonio no terrible: a pesar de su homosexualidad, Lorraine le dio el crédito a Robert por ser él quien sacó páginas de *Un lunar en el sol* de la basura cuando ella las arrojó en un ataque de ira de escritora frustrada, incluso después de su separación, continuaron trabajando juntos).

"NUNCA ANTES EN TODA LA HISTORIA DEL TEATRO ESTADOUNIDENSE HUBO TANTA VERDAD SOBRE LA VIDA DE LAS PERSONAS NEGRAS EN EL ESCENARIO".

James Baldwin

El 11 de marzo de 1959, *Un lunar en el sol* se estrenó en Broadway; fue la primera obra escrita por una mujer afroamericana que se produjo en el gran camino blanco. Más adelante, en ese año, Lorraine se convirtió en la primera dramaturga negra y en la estadounidense más joven que ganara un premio del círculo de críticos dramáticos de Nueva York. La obra continuó durante 530 representaciones a lo largo de 15 meses.

La otra única obra que se produjo durante su vida, *The Sign in Sidney Brustein's Window*, obtuvo reseñas indiferentes y cerró el 12 de enero de 1965, más o menos alrededor del momento en que Lorraine murió, una vida cortada trágicamente por cáncer de páncreas. En su funeral, recibió elogios de James Baldwin y Martin Luther King Jr. Su exesposo siguió produciendo y publicando sus obras de manera póstuma, incluyendo una recopilación de sus escritos adaptados para el escenario llamada *To Be Young, Gifted and Black*, que más tarde se publicó como una memoria e inspiró una canción de Nina Simone.

BIBLIOGRAFÍA

Abbott, Karen, "The Life and Crimes of 'Old Mother' Mandelbuam", *Smithsonian Magazine*, 6 de septiembre de 2011, disponible en http://www.smithsonianmag.com/history/the-life-and-crimes-of-old-mother-mandelbaum-71693582/.

Abdullahi, Mohamed Diriye, *Culture and Customs of Somalia*, Connecticut, Greenwood Press, 2001.

Agonito, Rosemary, y Joseph Agonito, "Resurrecting History's Forgotten Women: A Case Study from the Cheyenne Indians", *Frontiers: A Journal of Women Studies*, núm. 3 (otoño de 1981), pp. 8-16. doi: 10.2307/3346202.

Agrawal, Lion M. G., *Freedom Fighters of India*, Nueva Delhi, Isha Books, 2008.

Alvarez, Julie, *In the Time of the Butterflies* [*En el tiempo de las mariposas*], Chapel Hill, Algonquin Books, 1994.

American Society of Civil Engineers, "Emily Warren Roebling", disponible en http://www.asce.org/templates/person-bio-detail.aspx?id=11203.

Anderson, Jack, "Maria Tallchief, a Dazzling Ballerina and Muse for Balanchine, Dies at 88", *New York Times*, 12 de abril de 2013, disponible en http://www.nytimes.com/2013/04/13/arts/dance/maria-tallchief-brilliant-ballerina-dies-at-88.html.

Anderson, Melissa, "Lorraine Hansberry's Letters Reveal the Playwright's Private Struggle", *Village Voice*, 26 de febrero de 2014, disponible en http://www.villagevoice.com/arts/lorraine-hansberrys-letters-reveal-the-playwrights-private-struggle-7187630.

Anderson, Susan Heller, "Ursula Nordstrom, 78, a Nurturer of Authors for Children, Is Dead", *New York Times*, 12 de octubre de 1988, disponible en http://www.nytimes.com/1988/10/12/obituaries/ursula-nordstrom-78-a-nurturer-of-authors-for-children-is-dead. html.

Angela Morley, disponible en http://www.angelamorley.com/.

"Angela Morley", *Telegraph*, 25 de enero de 2009, disponible en http://www.telegraph.co.uk/news/obituaries/4339863/Angela-Morley.html.

Angier, Natalie. "The Mighty Mathematician You've Never Heard Of", *New York Times*, 26 de marzo de 2012, disponible en http://www.nytimes.com/2012/03/27/science/emmy-noether-the-most-significant-mathematician-youve-never-heard-of.html.

Anne Lister Online, "About Annie Lister", disponible en http://www.annelister.co.uk/.

Badass of the Week, "Mochizuki Chiyome", última modificación 23 de enero de 2015, disponible en http://www.badassoftheweek.com/index.cgi?id=33837513055.

Bagchi, Rob, "50 stunning Olympic moments No. 10: Fanny Blankers-Koen wins four golds", *Guardian*, 18 de enero de 2012, disponible en https://www.theguardian.com/sport/blog/2012/jan/18/fanny-blankers-koen-olympic-moments.

Banerji, Urvija, "The Chinese Female Pirate Who Commanded 80,000 Outlaws", *Atlas Obscura*, 6 de abril de 2016, disponible en http://www.atlasobscura.com/articles/the-chinese-female-pirate-who-commanded-80000-outlaws.

Basu, Shrabani, *Spy Princess: The Life of Noor Inayat Khan*, Omega Publications, 2007.

Bernard, Chelsea, "Murasaki Shikibu: Badass Women in Japanese History", *Tofugu*, 26 de agosto de 2014, disponible en https://www.tofugu.com/japan/murasaki-shikibu/.

Bharathanatyam. "Smt Rukmini Devi Arundale", disponible en http://bharathanatyam.in/about-bharathanatyam/famous-dancers/smt-rukmini-devi-arundale.

Bijkerk, Tom, "Fanny Blankers-Koen: A Biography", *Journal of Olympic History*, núm. 12 (mayo de 2004): 56-60.

Biography, "Clelia Duel Mosher", última modificación el 25 de septiembre de 2015, disponible en http://www.biography.com/people/clelia-duel-mosher.

BlackPast, "Aba Women's Riots (November-December 1929)", disponible en http://www.blackpast.org/gah/aba-womens-riots-november-december-1929.

BlackPast, "Ball, Alice Augusta (1892-1916)", disponible en http://www.blackpast.org/aaw/ball-alice-augusta-1892-1916.

Blashfield, Jean F., *Women Inventors*, vol. 4, Minneapolis, Capstone Press, 1996.

Blewett, Kelly, "Ursula Nordstrom and the Queer History of Children's Books", *Los Angeles Review of Books*, 28 de agosto de 2016, disponible en https://lareviewofbooks.org/article/ursula-nordstrom-and-the-queer-history-of-the-childrens-book/.

Brown, Chip, "The King Herself", *National Geographic*, abril de 2009, disponible en http://ngm.nationalgeographic.com/2009/04/hatshepsut/brown-text.

Brown, Jeannette, *African American Women Chemists*, Nueva York, Oxford University Press, 2011.

Buckley, Veronica, *Christina, Queen of Sweden: The Restless Life of a European Eccentric*, Nueva York, HarperCollins, 2004.

Bundles, A'Lelia, *On Her Own Ground: The Life and Times of Madam CJ Walker*, Nueva York, Simon and Schuster, 2001.

Cavendish, Margaret, *The Blazing World*, Londres, A. Mazwell, 1668.

Cavendish, Richard, "The Abdication of Queen Christina of Sweden", *History Today*, vol. 54, núm.6, 2004, disponible en http://www.historytoday.com/richard-cavendish/abdication-queen-christina-sweden.

Cavna, Michael, "Emmy Noether Google Doodle: Why Einstein Called Her a 'Creative Mathematical Genius' ", *Washington Post*, 23 de marzo de 2015, disponible en https://www.washingtonpost.com/news/comic-riffs/wp/2015/03/23/emmy-noether-google-doodle-why-einstein-called-her-a-creative-mathematical-genius/?utm_term=.179c4305b0ef.

Chauhan, Subhadra Kumari, "Jhansi Ki Rani", *All Poetry*, disponible en https://allpoetry.com/Jhansi-Ki-Rani-(With-English-Translation.

Cheng, Selina, "The Oldest Library on Earth Was Started by a Woman, and Finally Everyone Can Visit It", *Quartz*, 3 de julio de 2016, disponible en https://qz.com/708139/the-worlds-oldest-university-and-library-in-morocco-founded-and-restored-by-two-women/.

Chicago Public Library, "Lorraine Hansberry Biography", disponible en https://www.chipublib.org/lorraine-hansberry-biography/.

Code Name: Butterflies, "The Story", disponible en http://www.codenamebutterflies.org/story.html.

Colonial Zone, "Museo Hermanas Mirabal/ Mirabal Sisters Museum", disponible en http://www.colonialzone-dr.com/mirabal-museum. html.

Conway, J. North, "Meet 'The Queen of Thieves' Marm Mandelbaum, New York City's First Crime Boss", *Daily Beast*, 7 de septiembre de 2014, disponible en http://www.thedailybeast.com/articles/2014/09/07/meet-the-queen-of-thieves-marm-mandelbaum-new-york-city-s-first-mob-boss.html.

Conway, J. North. *Queen of Thieves: The True Story of "Marm" Mandelbaum and Her Gangs of New York*, Nueva York, Skyhorse Publishing, 2014.

Cook, Bernard A., *Women and War*, Santa Bárbara, ABC-CLIO, 2006.

Cordery, Stacy A. *Juliette Gordon Low: The Remarkable Founder of the Girl Scouts*, Nueva York, Viking, 2012.

Crampton, Caroline, "The Lesbian Dead Sea Scrolls: Annie Lister's Diaries", *New Statesman*, 5 de diciembre de 2013, disponible en http://www.newstatesman.com/culture/2013/11/lesbian-dead-sea-scrolls.

Crawford, Elizabeth, *The Womens' Suffrage Movement*, Londres, Routledge, 2001.

Dalton, Samantha, "Noor Inayat Khan: The Indian Princess Who Spied for Britain, BBC News", *BBC News*, 8 de noviembre de 2012, disponible en http://www.bbc.com/news/uk-20240693.

De Orsúa y Vela, Bartolomé Arzáns, *Stories of the Imperial Town of Potosí*, Providence, Brown University Press, 1965.

Dillon, Richard H., *North American Indian Wars*, Facts on File, 1983.

Directors Guild of America, "Dorothy Arzner", disponible en http://www.dga.org/Craft/DGAQ/All-Articles/0604-Winter2006-07/Legends-Dorothy-Arzner.aspx.

Doster, Adam, "The Myth of Jackie Mitchell, the Girl Who Struck Out Ruth and Gehrig", *The Daily Beast*, 13 de mayo de 2013, disponible en http://www.thedailybeast.com/articles/2013/05/18/the-myth-of-jackie-mitchell-the-girl-who-struck-out-ruth-and-gehrig.html.

Duncombe, Laura Sook, "Sayyida al-Hurra, the Beloved, Avenging Islamic Pirate Queen", *Pictorial*, 3 de marzo de 2015, disponible en http://pictorial.jezebel.com/sayyida-al-hurra-the-beloved-avenging-islamic-pirate-1685524517.

Encyclopedia.com, "Murasaki Shikibu", disponible en http://www.encyclopedia.com/people/literature-and-arts/asian-literature-biographies/murasaki-shikibu.

Encyclopedia Britannica, "Crimean War", última modificación el 7 de marzo 2017, disponible en https://www.britannica.com/event/Crimean-War.

Encyclopedia Britannica, "Hukbalahap Rebellion", disponible en https://www.britannica.com/event/Hukbalahap-Rebellion.

Encyclopedia Britannica, "Lakshmi Bai", última modificación el 25 de enero de 2016, disponible en https://www.britannica.com/biography/Lakshmi-Bai.

Encyclopedia Britannica, "Sybil Ludington", última modificación el 18 de mayo de 2016, disponible en https://www.britannica.com/biography/Sybil-Ludington.

Encyclopedia Britannica, "Trung Sisters", última modificación el 1 de marzo de 2016, disponible en https://www. britannica.com/topic/Trung-Sisters.

Encyclopedia of Fashion, "Silk", disponible en http:// www.fashionencyclopedia.com/fashion_costume_culture/Early-Cultures-Asia/ Silk.html.

Enemy of the Reich, "A Muslim Woman Defies the Nazis in WW II Paris", disponible en http://www.enemyofthereich.com/.

Everett, George, "Mary Fields, Female Pioneer in Montana", *HistoryNet*, 12 de junio de 2006, disponible en http://www.historynet.com/mary-fields-female-pioneer-in-montana.htm.

Farmer, Fannie, *The Fannie Farmer Cookbook*, Nueva York, Random House, 1896.

FBK Games, disponible en http://www.fbkgames.nl/.

Feeding America: The Historic American Cookbook Project, "Farmer, Fannie Merritt", disponible en http://digital.lib.msu.edu/projects/ cookbooks/html/authors/author_farmer. html.

Gandhi, Gopalkrishna. "The Woman Who Said No: How Rukmini Devi Chose Dance Over Presidency", *Hindu Times*, 4 de marzo de 2016, disponible en http://www.hindustantimes.com/columns/the-woman-who-said-no-how-rukmini-devi-chose-dance-over-presidency/story-5OKAXlRoN46d8QfiUX1QWI.html.

Gardiner, Kelly, *Goddess*, Australia, HarperCollins, 2014.

Gardner, Isabella Stewart e Hilliard T. Goldfarb, *The Isabella Stewart Gardner Museum: A Companion Guide and History*, New Haven, Yale University Press, 1995.

Gariwo, "Exemplary Figures Reported by Gariwo: Azucena Villaflor 1924-1977: Founder of the Mothers of Plaza de Mayo", disponible en http://en.gariwo.net/righteous/the-righteous-biographies/civil-courage/exemplary-figures-reported-by-gariwo/azucena-villaflor-7615.html.

Gates, Henry Louis, Jr., "Madam Walker, the First Black American Woman to Be a Self-Made Millionaire", *PBS*, disponible en http://www.pbs.org/wnet/african-americans-many-rivers-to-cross/history/100-amazing-facts/madam-walker-the-first-black-american-woman-to-be-a-self-made-millionaire/.

Gaughan, Gavin, "Angela Morley", *Guardian*, 22 de enero de 2009, disponible en https://www.theguardian.com/culture/2009/jan/23/angela-morley-obituary-wally-stott.

Gautier, Theophile, *Mademoiselle de Maupin*, Londres, Gibbings & Company, Limited, 1899.

Geiling, Natasha, "The Women Who Mapped the Universe and Still Couldn't Get Any Respect", *Smithsonian Magazine*, 18 de septiembre de 2013, disponible en http://www.smithsonianmag.com/history/the-women-who-mapped-the-universe-and-still-couldnt-get-any-respect-9287444/.

Girl Scouts Official Website, disponible en http://www.girlscouts.org/.

Godfrey, Emelyne, *Femininity, Crime and Self-Defence in Victorian Literature and Society*, Londres, Palgrave Macmillan, 2012.

Grundhauser, Eric, "New York's First Female Crime Boss Started Her Own Crime School", *Atlas Obscura*, 23 de marzo de 2016, disponible en http://www.atlasobscura.com/articles/new-yorks-first-female-crime-boss-started-her-own-crime-school.

Gupta, Indra, *India's 50 Most Illustrious Women*, Icon Publications, 2003.

Halzack, Sarah, "Maria Tallchief, ballet star who was inspiration for Balanchine, dies at 88", *Washington Post*, 12 de abril de 2013, disponible en https://www.washingtonpost.com/local/obituaries/maria-tallchief-ballet-star-who-was-inspiration-for-balanchine-dies-at-88/2013/04/12/5888f3de-c5dc-11df-94e1-c5afa35a9e59_story.html?utm_term=.b7a15c638829.

Hansberry, Lorraine, *To Be Young, Gifted and Black*, adaptación de Robert Nemiroff, Nueva York, Samuel French, Inc., 1971.

Hardorff, Richard G. (ed.), *Cheyenne Memories of the Custer Fight*, Lincoln, University of Nebraska Press, 1998.

History, "Hatshepsut", disponible en http://www.history.com/topics/ancient-history/hatshepsut.

History, "This Day in History, Fannie Farmer Opens Cooking School", disponible en http://www.history.com/this-day-in-history/fannie-farmer-opens-cooking-school.

Horwitz, Tony, "The Woman Who (Maybe) Struck out Babe Ruth and Lou Gehrig", *Smithsonian Magazine*, julio de 2013, disponible en http://www.smithsonianmag.com/history/the-woman-who-maybe-struck-out-babe-ruth-and-lou-gehrig-4759182/#SxT68xDAZTRUzmas.99.

Hrala, Josh, "The Story of Japan's Deadly All-Female Ninja Squad", *Modern Notion*, 17 de marzo de 2015, disponible en http://modernnotion.com/the-story-of-japans-deadly-all-female-ninja-squad/.

IMDB, "Angela Morley", disponible en http://www.imdb.com/name/nm0605859/.

Inglis-Arkell, Esther, "We Had a Cure for Leprosy for Centuries, But Couldn't Get It to Work", *iO9*, 8 de mayo de 2015, disponible en http://io9.gizmodo.com/we-had-a-cure-for-leprosy-for-centuries-but-we-couldnt-1703005163.

Isabella Stewart Gardner Museum, disponible en http://www.gardnermuseum.org/home/.

James, Edward T., Janet Wilson James y Paul S. Boyer. *Notable American Women, 1607-1950: A Biographical Dictionary*, vol. 3., Cambridge, Belknap Press, 1971.

Jones, Jonathan, "Top Hats off to Marie Duval, a lost Victorian cartoonist sensation", *Guardian*, 27 de octubre de 2014, disponible en https://www.theguardian.com/artanddesign/jonathanjonesblog/2014/oct/27/marie-duval-victorian-cartoonist-ally-sloper.

Juliette Gordon Low birthplace, disponible en http://www.juliettegordonlowbirthplace.org/.

"Kapampangan Rebels, Radicals and Renegades Who Changed Philippine History", *Singsing Magazine*, vol. 6, núm. 1, 1998.

Katinka Hesselink, " 'Kalakshetra' and Rukmini Devi", disponible en http://www.katinkahesselink.net/his/kalakshetra.html.

Kay, Karyn, y Gerald Peary, "Interview with Dorothy Arzner", *Agnès Films*, 16 de julio de 2011, disponible en http://agnesfilms.com/interviews/interview-with-dorothy-arzner/.

Kelly Gardiner, "The Real Life of Julie d'Aubigny", disponible en https://kellygardiner.com/fiction/books/goddess/the-real-life-of-julie-daubigny/.

Khan, Sumara, "Fatima Al-Fihri: Founder of World's Very First University", *Why Islam?*, 7 de agosto de 2014, disponible en https://www.whyislam.org/muslim-heritage/fatima-al-fihri-founder-of-worlds-very-first-university/.

Kimball, Christopher, *Fannie's Last Supper*, Nueva York, Hachette, 2010.

Kleiber, Shannon Henry, "Juliette Gordon Low, Who Had No Children of Her Own, Started Girl Scouts in 1912", *Washington Post*, 9 de marzo de 2012, disponible en https://www.washingtonpost.com/lifestyle/kidpost/juliette-gordon-low-who-had-no-children-of-her-own-sta-r-ted-girl-scouts-in-1912/2012/02/28/gIQA5CBO1R_story.html?utm_term=.6ecca3a1c7bb.

Krismann, Carol, *Encyclopedia of American Women in Business*, Connecticut, Greenwood Press, 2005.

Kroll, Chana, "Irena Sendler: Rescuer of the Children of Warsaw", TheJewishWoman.org, disponible en http://www.chabad.org/theJewishWoman/article_cdo/aid/939081/jewish/Irena-Sendler.htm.

Kunzle, David. "Marie Duval: A Caricaturist Rediscovered", *Woman's Art Journal*, vol. 7, núm. 1 primavera-verano de 1986, pp. 26-31.

Kunzle, David, "The First Ally Sloper: The Earliest Popular Cartoon Character as a Satire on the Victorian Work Ethic", *Oxford Art Journal*, vol. 8, núm. 1, 1985, pp. 40-48. doi: https://doi.org/10.1093/oxartj/8.1.40.

Lanzona, Vina A., *Amazons of the Huk Rebellion: Gender, Sex, and Revolution in the Philippines*, Madison, University of Wisconsin Press, 2009.

Lenz, Lyz, "The Scandalous Legacy of Isabella Stewart Gardner, Collector of Art and Men", *Broadly*, 3 de diciembre de 2015, disponible en https://broadly.vice.com/en_us/article/the-scandalous-legacy-of-isabella-stewart-gardner-collector-of-art-and-men.

Li, Jessica, "Emily Warren Roebling. The Engineer Behind the Brooklyn Bridge", *Scientista*, 16 de enero de 2015, disponible en http://www.scientista-foundation.com/scientista-spotlights/emily-roebling-the-engineer-behind-the-brooklyn-bridge.

Life in a Jar: The Irena Sendler Project [libro y página web], disponible en http://www.irenasendler.org/.

Lopez, Leticia, "Badass Ladies of History: Fatima Al-Fihri", *Germ Magazine*, 18 de octubre de 2016, disponible en http://www.germmagazine.com/badass-ladies-in-history-fatima-al-fihri/.

Lorraine Hansberry Literary Trust, disponible en http://lhlt.org/.

Ludington's Ride, "Sybil's Story", disponible en http://ludingtonsride.com/history.htm.

Lyme Regis Museum, "Mary Anning", disponible en http://www.lymeregismuseum.co.uk/collection/mary-anning/.

Macintyre, Ben, *Double Cross*, Londred, Bloomsbury, 2012.

Macintyre, Ben, "The Good Time Girl Who Fooled the Nazis", *Times*, 26 de marzo de 2012, disponible en http://www.thetimes.co.uk/tto/life/article3362598.ece.

Madam C. J. Walker Beauty Culture, "The Legacy of Madam C. J. Walker", disponible en http://www.mcjwbeautyculture.com/about-madam-c-j-walker-beauty-culture/#.WLmp3WQrKRs.

Maggs, Sam, *Wonder Women: 25 Innovators, Inventors, and Trailblazers Who Changed History*, Filadelfia, Quirk Books, 2016.

Marcus, Leonard S., *Dear Genius: The Letters of Ursula Nordstrom*, Nueva York, HarperCollins, 2000.

Matera, Marc, Misty L. Bastian y Susan Kingsley Kent, *The Women's War of 1929: Gender and Violence in Colonial Nigeria*, Nueva York, Palgrave Macmillan, 2012.

Mayne, Judith, *Directed by Dorothy Arzner*, Bloomington, University of Indiana Press, 1994.

Mba, Nina Emma, *Nigerian Women Mobilized: Women's Political Activity in Southern Nigeria, 1900-1965*, Berkeley, Institute of International Studies, 1982.

McCullough, David, *The Great Bridge: The Epic Story of the Building of the Brooklyn Bridge*, Nueva York, Simon and Schuster, 2011.

McDonnell, Patrick J., "Argentines Remember a Mother Who Joined the 'Disappeared'", *Los Angeles Times*, 24 de marzo de 2006, disponible en http://articles.latimes.com/2006/mar/24/world/fg-dirtywar24.

Mendoza, Sylvia, *The Book of Latina Women*, Massachusetts, Adams Books, 2004.

Mernissi, Fatima, *The Forgotten Queens of Islam*, trad. al inglés de Mary Jo Lakeland, Minneapolis, University of Minnesota Press, 1993.

Moore, Jack, "The Woman Who Struck Out Babe Ruth and Lou Gehrig", *Vice Sports*, 29 de agosto de 2015, disponible en https://sports.vice.com/en_us/article/the-woman-who-struck-out-babe-ruth-and-lou-gehrig.

Morrow, James "Emmy Noether", en *Notable Women in Mathematics: A Biographical Dictionary*, Charlene Morrow y Teri Perl (eds.), Connecticut, Greenwood Press, 1998.

Mosher, Clelia Duel, *The Mosher Survey: Sexual Attitudes of 45 Victorian Women*, Arno Press, 1980.

Murray, Dian H., *Pirates of the South China Coast, 1790-1810*, Stanford, Stanford University Press, 1987.

National Army Museum, "Rani of Jhansi", disponible en http://www.nam.ac.uk/exhibitions/online-exhibitions/enemy-commanders-britains-greatest-foes/rani-jhansi.

National Geographic Education Staff, "Mary Seacole: Adventurer in Jamaica, Panama, and the Crimean War", *National Geographic*, 27 de noviembre de 2013, disponible en http://www.nationalgeographic.org/news/mary-seacole/.

National Women's History Museum, "Historical Women Who Rocked: Jackie Mitchell", disponible en https://www.nwhm.org/blog/historical-women-who-rock-jackie-mitchell/.

National Women's History Museum, "Sybil Ludington (1761-1839)", disponible en https://www.nwhm.org/education-resources/biography/biographies/sibyl-ludington/.

New World Encyclopedia, "Tru'ng Sisters", disponible en http://www.newworldencyclopedia.org/entry/Tr%C6%Bong_Sisters.

Nigel Perrin, "SOE Agent Profiles: Noor Inayat Khan", disponible en http://nigelperrin.com/soe-noor-inayat-khan.htm#.WK3TjGQrLu0.

Noor Inayat Khan Memorial Trust, "Noor Inayat Khan", disponible en http://www.noormemorial.org/noor.php.

Oakes, Elizabeth H., *International Encyclopedia of Women Scientists*, Facts on File, 2002.

Orejas, Tonnette, "Liwayway, The Warrior Who Wore Lipstick in Gun Battles", *Inquirer.net*, 17 de mayo de 2014, disponible en http://newsinfo.inquirer.net/602758/liwayway-warrior-who-wore-lipstick-in-gun-battles.

Park, Thomas K., y Aomar Boum, *Historical Dictionary of Morocco*, Maryland, Scarecrow Press, Inc., 2005.

PBS, "Irena Sendler: In the Name of Their Mothers", disponible en http://www.pbs.org/program/irena-sendler/.

Pierce, Patricia, *Jurassic Mary: Mary Anning and the Primeval Monsters*, South Carolina, History Press, 2006.

Platoni, Kara, "The Sex Scholar", *Stanford Alumni*, marzo/abril de 2010, disponible en https://alumni.stanford.edu/get/page/magazine/article/?article_id=29954.

Plumer, Brad, "Emmy Noether Revolutionized Mathematics—and Still Faced Sexism all Her Life", *Vox*, 23 de marzo de 2016, disponible en http://www.vox.com/2015/3/23/8274777/emmy-noether.

Popova, Maria, "How Ursula Nordstrom, the Greatest Patron Saint of Modern Childhood Stood, Up for Creativity Against Commercial Cowardice", *Brain Pickings*, disponible en https://www.brainpickings.org/2015/02/02/ursula-nordstrom-letters-integrity/.

Project Vox, "Cavendish (1623-1673)", disponible en http://projectvox.library.duke.edu/content/cavendish-1623-1673.

Roberts, Jennifer Sherman, "Everyone, We Need to Talk About 17th-Century Badass Writer Margaret Cavendish", *The Mary Sue*, 12 de mayo de 2015, disponible en http://www.themarysue.com/margaret-cavendish/.

Robinson, Jane, *Mary Seacole: The Black Woman Who Invented Modern Nursing*, Nueva York, Carroll & Graf Publishers, 2004.

Romano, Aja, "This 17th-Century Sword-Swinging Opera Singer Will Rule the Internet in 2013", *Daily Dot*, 8 de mayo de 2013, última modificación el 25 de febrero de 2017, disponible en http://www.dailydot.com/culture/julie-daubigny-swordswoman-opera-singer-meme/.

Rossen, Jake, "The Female Jiu-Jitsu Crew That Defended Women's Rights", *Mental Floss*, 2015, disponible en http://mentalfloss.com/article/64502/female-jiu-jitsu-crew-defended-feminists-1900s-london.

Royall, Tyler, "Murasaki Shikibu", *Harvard Magazine*, mayo-junio de 2002, disponible en http://harvardmagazine.com/2002/05/murasaki-shikibu.html.

Ruz, Camila, y Justin Parkinson, "'Suffrajitsu': How the Suffragettes Fought Back Using Martial Arts", *BBC News*, 5 de octubre de 2015, disponible en http://www.bbc.com/news/magazine-34425615.

Saber, Latifa, "Did You Know That the First University Was Founded by a Muslim Woman?", *Mvslim*, disponible en http://mvslim.com/inspiring-muslim-women-fatima-al-fihr/.

Sadie, Stanley (ed.), *The New Grove Dictionary of Opera*, Oxford, Oxford University Press, 1992.

Salmonson, Jessica Amanda, *The Encyclopedia of Amazons: Women Warriors from Antiquity to the Modern Era*, Nueva York, Anchor Books, 1991.

Sarasohn, Lisa T., *The Natural Philosophy of Margaret Cavendish: Reason and Fancy During the Scientific Revolution*, Baltimore, JHU Press, 2010.

ScholarSpace, *Ball, Alice Augusta*, disponible en https://scholarspace.manoa.hawaii.edu/handle/10125/1837.

Schwartz, John, "A Concealed Voice Rings Loud and Clear", *New York Times*, 25 de octubre de 2013, disponible en http://www.nytimes.com/2013/10/27/arts/artsspecial/a-concealed-voice-rings-loud-and-cleahtml?rref=collection%2Ftimestopic%2FHansberry%2C%20Lorraine.

Seacole, Mary, *Wonderful Adventures of Mrs. Seacole in Many Lands*, Londres, James Blackwood Paternoster Row, 1857.

Silver, Carly, "These Ancient Vietnamese Sisters Rebelled Against the Chinese with a Co-Ed Army", *History Buff*, 19 de enero de 2016, disponible en http://historybuff.com/these-ancient-vietnamese-sisters-led-rebellion-against-chinese-YP62DM95DgyJ.

Sinkler, Rebecca Pepper, "Confessions of a Former Child", *New York Times*, 22 de marzo de 1998, disponible en http://www.nytimes.com/books/98/03/22/reviews/980322.22sinklet.html.

Smith, William, (ed.), "Agno'dice", *A Dictionary of Greek and Roman Biography and Myth*, disponible en http://www.perseus.tufts.edu/hopper/text?doc=Perseus%3Atext%3A1999.04.0104%3Aentry%3Dagnodice-bio-1.

Strange Science, "Mary Anning", disponible en http://www.strangescience.net/anning.htm.

Tallchief, Maria, y Larry Kaplan, *Maria Tallchief: America's Prima Ballerina*, Nueva York, Henry Holt, 1997.

Teaching Tolerance: A Project of the Southern Poverty Law Center, "Madres de Plaza de Mayo", disponible en http://www.tolerance.org/activity/madres-de-plaza-de-mayo.

The Marie Duval Archive, disponible en http://www.marieduval.org/.

The San Diego Supercomputer Presents Women in Science: A Selection of 16 Significant Contributors, "Annie Jump Cannon", disponible en https://www.sdsc.edu/ScienceWomen/cannon.html.

"The Tale of Murasaki Shikibu", *Economist*, 23 de diciembre de 1999, disponible en http://www.economist.com/node/347504.

The Theosophical Society in America, disponible en https://www.theosophical.org/.

"The Trung Sisters vs. China", *Stuff You Missed in History Class* [podcast], 30 de agosto de 2010, disponible en http://www.missedinhistory.com/podcasts/the-trung-sisters-vs-china.htm.

University of California Museum of Palaeontology, "Mary Anning (1799-1847)", disponible en http://www.ucmp.berkeley.edu/history/anning.html.

Qweenzone, "The Tale of Queen Arawelo: The Original Feminist", última modificación el 23 de octubre de 2015, disponible en https://qweenzone.wordpress.com/2015/10/23/the-tale-of-queen-arawelo-the-original-feminist/.

University of Virginia, "Women in Medicine: Agnodice and Childbirth", disponible en http://exhibits.hsl.virginia.edu/antiqua/women/.

Wagner, Tricia Martineau, *African American Women of the Old West*, Guilford, TwoDot Books, 2007.

Weatherford, Jack, "The Wrestler Princess", *Lapham's Quarterly*, 27 de septiembre de 2010, disponible en http://laphamsquarterly.org/roundtable/wrestler-princess.

Wellesley College, "Annie Jump Cannon (1863-1941)", última modificación el 26 de julio de 2006, disponible en http://academics.wellesley.edu/Astronomy/Annie/.

Wells, Diana, *Lives of the Trees: An Uncommon History*, Chapel Hill, Algonquin Books, 2010.

Whitbread, Helena, (ed.), *I Know My Own Heart: The Diaries of Anne Lister*, Nueva York, New York University Press, 1988.

Wieringa, Saskia, (ed.), *Subversive Women: Historical Experiences of Gender and Resistance*, Londres, Zed Books, 1997.

Williams, Rachel. "Edith Garrud: A Public Vote for the Suffragette Who Taught Martial Arts", *Guardian*, 25 de junio de 2012, disponible en https://www.theguardian.com/lifeandstyle/2012/jun/25/edith-garrud-suffragette-martial-arts.

Wilson, Elizabeth B, "The Queen Who Would be King", *Smithsonian Magazine*, septiembre de 2006, disponible en http://www.smithsonianmag.com/history/the-queen-who-would-be-king-130328511/.

Wise, Damon, "Lumière Festival: Dorothy Arzner, a Hollywood Trailblazer", *Variety*, 10 de octubre de 2016, disponible en http://variety.com/2016/film/festivals/dorothy-arzner-lumiere-festival-hollywood-golden-age-director-1201883604/.

Wishart, David J., (ed.), *Encyclopedia of the Great Plains*, Lincoln, University of Nebraska Press, 2004.

Women Film Pioneers Project, "Dorothy Arzner", disponible en https://wfpp.cdrs.columbia.edu/pioneer/ccp-dorothy-arzner/.

Women You Should Know, "Thanks to a Bug Landing in Her Imperial Tea (c. 2640 BC), We Have Silk", última modificación el 25 de marzo de 2014, disponible en http://www.womenyoushouldknow.net/thanks-bug-landing-imperial-tea-silk/.

Woodman, Jenny, "The Women Astronomers Who Revolutionized Astronomy", *Atlantic*, 2 de diciembre de 2016, disponible en https://www.theatlantic.com/science/archive/2016/12/the-women-computers-who-measured-the-stars/509231/.

Young, Lauren, "Marie Duval, the Pioneering 19th-Century Cartoonist That History Forgot", *Atlas Obscura*, 1 de febrero de 2017, disponible en http://www.atlasobscura.com/articles/marie-duval-the-pioneering-19th-century-cartoonist-that-history-forgot.

Yule, Henry (ed.), *The Book of Sir Marco Polo, the Venetian*, Londres, J. Murray, 1871.

Zielinski, Sarah, "Mary Anning, an Amazing Fossil Hunter", *Smithsonian.com*, 5 de enero de 2010, disponible en http://www.smithsonianmag.com/science-nature/mary-anning-an-amazing-fossil-hunter-60691902/.